징징거리지마라

Thou Shalt Not Whine: The Eleventh Commandment: What We Whine
About, Why We Do It and How to Stop by January Jones

Copyright ⓒ 2008
All Rights Reserved.
Korean translation rights ⓒ 2009 LeeBook Publishing Co
Korean translation rights are arranged with Beaufort Books USA through
Amo Agency Korea.

이 책의 한국어판 저작권은 아모 에이전시를 통해 저작권자와 독점 계약한 리북에 있습니다. 신저작권법에 의해 한국 내에서 보호를 받는 저작물이므로 무단 전재와 무단 복제를 금합니다.

징징거리지 마라

초판1쇄 발행 • 2009년 8월 15일

지은이 • 재뉴어리 존스(January Jones)
옮긴이 • 김행준
펴낸이 • 이재호
펴낸곳 • 리북
등   록 • 1995년 12월 20일 제13-663호
주   소 • 서울시 마포구 솔내1길 19 서연빌딩 2층
전   화 • 02-322-6435
팩   스 • 02-322-6752

정   가 • 13,000원
ISBN 978-89-87315-99-7

징징 거리지 마라

재뉴어리 존스 지음
김행준 옮김

리북

역자 서문

우리 삶을 피곤하게 하는 일들은 거대한 사건들만은 아니다. 사소하지만 넘겨 버릴 수만은 없는 버거운 일상들이 쌓여 우리네 심신을 지치게 하는 것, 그것이 우리네 삶의 모습일 것이다.

이 책의 저자 재뉴어리 존스라는 친근한 미국 할머니는 우리가 겪는 피곤한 일상, 그로 인해 우리가 습관처럼 내뱉는 징징거림에 대해 이야기한다. 우리가 더 많이 웃고 더 많이 행복할 수 있는 기회를 놓쳐버리지 않도록, 징징거림을 긍정적으로 극복할 수 있는 자잘하지만 그래서 더 정겹고 재미있는 방법들을 제안한다.

크건 작건, 누구도 피할 수 없는 인생의 길들이 존재하고 그 길에는 돌뿌리나 뿌연 먼지가 있기 마련이다. 우리들의 징징거림은 그것들을 먹고 자란다. 또는 그것들을 만났을 때 건네는 너무도 인간적인 인사말일지도 모른다.

저자는 우회로 없는 그 길을 가며 간직해야 할 웃음과 여유, 집착하지 않고 털어내거나 당연한 것을 당연하게 받아들이는 심리적인 또는 물리적인 방법들을 제안한다.

그녀는 시종일관 징징거림은 당장 멈춰야 한다고 말하지만,

'징징거림'을 독려하는 경우도 있다. 연금을 깎으며 책임을 전가하는 기업들의 탐욕, 막대기처럼 마른 것을 미의 기준으로 만든 물질지상주의 문화 등등을 우리가 진짜 징징대야 할 문제라고 말한다. 특히 그녀는 전쟁에 대한 건강한 징징거림을 강력 추천하고 있기도 하다. 생산적이고 삶이 불어나는 곳이 아니라, 죽음을 위해 세금이 쓰이는 것에 대해 함께 다같이 징징거려서라도 멈추어야 한다는 것이다. 정치적인 견해 차이를 뛰어넘는, 아이를 가진 부모로, 남편을 가진 부인으로, 손자 손녀를 가진 할머니의 따스함이 깊게 묻어나는 대목이다.

이러하기에 이 책은 피할 수 있는 징징거림과의 절연을 목표하지만, 그 시작은 우리가 진짜로 징징댈 것들과 그렇치 않은 것들에 대한 구분에서 출발해야 함을 강조하고 있다. 그리고 행복한 세상으로의 변화를 위해 우리가 처한 상황과 스트레스에 대한 단순한 감정적 반응인 징징거림이 아니라, 솔직한 감정의 분출이 필요하다는 것이다. 이 분출은 화와 후회와 좌절을 풀어내면서 징징거림이라는 유독성 폐기물이 아니라 행복의 회복제로 기능할 것이라는 점이다.

할머니의 손자, 손녀 사랑은 우리나 미국이나 별반 차이가 없을 것이다. 그러나 이 책이 다루는 것이 소소한 일상사들이기 때문에 두 나라 사이의 문화 간극을 발견하는 것은 어려운 일이 아니다. "징징거림"의 의미도 우리나라에서 받아들이는 의미와 그 대상에 다소 차이가 있다. '징징거리다' 라는 표현을 쓰기에는 다소 무거운 주제, 예를 들면 어르신들 또는 그들의 죽음과 관련된 내용에 사용하기도 한다는 점이 그렇다. 반대로, 우리가 사용하는 '징징거림' 보다는 다소 가벼운 '불평,

투덜거림'과 어울리는 주제에 사용되기도 한다. 이 책에서 다뤄지는 '징징거림'의 의미는 '불평, 불만의 표출'에서부터, '깊은 슬픔의 표현'까지 스펙트럼이 다소 넓다.

이 넓은 스펙트럼 때문에 책의 제목에서부터 각 장의 제목 및 표현까지 번역의 방향을 잡는 데 다소의 토론이 필요했다. 그리고 폭넓은 '징징거림'의 의미는 독자들의 몫으로 남겨 두는 것이 바람직하다는 결론에 이르렀다. 각각의 주제와 그 내용에 비추어 독자들이 작가가 의도하는 '징징거림'과 각자의 '개념' 사이의 간극을 메우고, 새로운 '스펙트럼'를 만들어 나가는 것이 적합하다는 생각이었다.

한편으론 한국인의 정서로는 이해하기 쉽지 않은 문제가 역시 '성(性)'과 관련된 문제이다. 미국인들의 평소 태도는, 초면에 자신의 성(姓)을 가르쳐 주는 것도 꺼려할 정도이고, 살고 있는 집의 거리 이름을 가르쳐 주는 것도 별로 달가워하지 않을 만큼 사생활에 민감하다. 우리의 '성(性)'에 대한 인식이 예전과는 많이 달라졌지만, 그래도 여전히 공개적으로 터놓는 것에는 다소 부담감들을 가지고 있는 것이 사실이다. 하지만, 저자를 비롯한 미국인들에게는 자연스러운 삶의 일부로서 받아들여진다. 옳고 그름의 문제도 아니고, 부끄러울 일 없는 삶의 일부인 일상에 대한 차분한 묘사다.

여기서 다뤄지는 부부 사이의 일상, 부모와 자식, 노인들에 대한 세세한 일상과 그 속내들은 우리가 짐짓 다 알고 있으면서도 공공연히 이야기하지 않은 문제들도 있을 것이다. 공론화에 약간의 주저함이 있겠지만, 일상의 자연스러움은 자연스럽게 받아들이는 것이 민망함을 없애는 길일 것이다.

십대들의 운전 등 다소 우리 현실과 거리가 있는 내용들도 미국의 부모들은 우리와는 다른 어떤 고민거리를 가지고 있을까 하는 점을 살펴보는 데에 충분히 흥미 있는 주제들이다.
　이 책은 우리들 누구나가 겪고 마주칠 일상의 짜증과 불평불만을 다루고 있다. 그러나 역자는 배지시 웃음을 터트리며 무릎을 치거나, 때론 삶의 무게에 대해 하늘을 멍하니 응시하곤 하며 몰입할 수밖에 없었다. 그 몰입은 작가의 의도와 제안을 정확하게 전달하기 위한 역자의 노력과는 다른 것이었다. 여러 일상에 대한 저작의 창조적인 진단과 여유, 신나는 제안이 담겨 있는 이 책에서, 독자들이 작가의 남다른 유머와 성찰을 동시에 발견하는 것은 어렵지 않을 것이다. 아이들의 '징징거림'을 막는 데 동원된 선글라스에서는 그 장면을 상상하면서 킥킥거리며 웃을 수밖에 없고, 또 한편 저자와 그의 딸이 감내해야만 했던 깊은 슬픔에 이입되지 않을 수 없었다. 그녀의 유머와 재치 속에는 깊은 슬픔을 극복한 그녀만의 지혜가 담겨 있는 셈이다.
　넉넉한 웃음, 깊지만 지나치게 무겁지 않은 회상, 일상의 수많은 스트레스 중에서 놓아 주어야 할 것, 지켜야 할 것들에 대한 미국 할머니의 조언에 귀를 기울여 보라. 쌓인 피로를 말끔히 씻어내듯이, 일상의 피로를 덜어 줄 충분한 재미 그리고 일상의 징징거림으로부터 탈출할 수 있는 비타민같은 삶의 지혜를 선사할 것이다.

김 행 준

서 문

모두가 징징거린다. 징징대는 소리가 어디서든 윙윙거린다. 지금 우리는 전 세계적으로 징징거림의 전염병을 앓고 있다. 세상은 매일매일 우리가 징징거릴 더 많은 것들을 만들어 가고 있고 점점 상황은 나빠지고 있다: 테러리스트들, 기업 사냥꾼들, 주택 경기침체, 경제위축, 값비싼 대가를 치르는 전쟁, 비효율적인 정부, 머리카락이 곤두설 정도로 오르는 기름값, 늘어나는 엉덩이 살, 위산 역류, 포화지방 문제 등등. 사람들은 저마다 요즈음의 세태에 대해 투덜거릴 이유와 꺼리를 갖고 있으며, 그래서 너나없이 징징거린다. 그렇지만 당연하다는 것이 좋다는 것을 의미하지는 않으며, 나는 그것을 끝내기 위해 이 자리에 있다.

내 이름은 재뉴어리 존스(January Jones)이고, 징징거림 비평가이다. 세상에서 징징거림을 없애버리기 위한 개혁운동에 오신 여러분을 환영한다. 이 책과 더불어 치료 가능한 징징거림 습관들부터 던져 버리자.

질문부터 시작하자. 그토록 많은 사람들이 왜 이런저런 이유로 끊임없이 징징대고 있는지 궁금해 본 적이 있는가? 주변의 징징거림이 만들어 내는 부정적인 에너지를 바꾸기 위해서 부단히 노력해야 하는 힘든 상황에 처해 있지는 않는가? 그런 사람들에게 그만 닥치고 속으로만 삼키라고 말하고 싶었던 적은 없었나? 당신 주변 또는 당신의 친한 친구 중에 징징거림으로 당신을 환장하게 만드는 사람은 없는가? 그들이 '정말' 무엇에 대해서 징징거리는지 곰곰이 자문해 본 적이 있는가? 그리고 그들을 어떻게 멈추게 할지, 만약 징징이가 당신 자신이라면, 어떻게 징징거림에서 벗어날 수 있는지에 대해서 궁금해 본 적이 있는가?

나를 믿지 않을 수도 있다. 회의론자들은 늘 있기 마련이다. 우리가 점점 진화함에 따라 점점 더 원숙해진다고 믿는 사람들이 있을 수 있다. 이런 사람들은 아주 작은 실천만으로도 문제의 심각성을 확인할 수 있다. 쉬운 일이다. 집밖으로 나갈 때 귀를 열어 놓기만 하면 된다. 동네 상가는 징징거림이 자라나고 번지는 으뜸 공간이다. 지금껏 내가 만난 많은 조사 대상자들은 대중들의 징징거림의 소리 소문 없는 만연이 드러나는 순간에 대해서 이렇게 말한다.

당신 말이 맞다. 요전 날, 내가 밖에서 일상적인 소소한 일들을 하고 있을 때, 내가 갔던 모든 곳에서 사람들의 징징거림이 보이기 시작했다. 왜 내가 이것을 전에는 몰랐을까 궁금해지기까지 했다. 내가 한 유기농산물 체인점에 갔을 때, 한 여성이 무인계산 시스템이 너무 느리다며 징징대고 있었다. 그 다음, 우체국의 긴 줄에 서 있을 때도 모든 사람이 징징거리고 있는 것을 볼 수 있었다. "빨리 좀 합시다" 투덜대거나 크게 한숨을 쉬거나 이리저리 두리번거리면서 말이다. 그 후에 주유소에 갔을 땐, 엄청나게 폭등한 가격이 셀프 서비스 운전자들 사이에서 자연스럽게 징징거림 축제를 만들어 내고 있었다. 나는 저항하려고 했지만, 그 대열에 동참하지 않을 수 없었다…

지금껏 나는 이런 '징징이'들에게 상담을 통해 제법 많은 도움을 주었고, 이 책이 당신에게도 똑같은 도움이 되길 희망한다. 혹여 "무엇 때문에 당신이 징징거림에 대한 으뜸가는 전문가라고 자처 하는가?"라고 물을지도 모른다. 그렇다, 그럴 수도 있다. 나는 심리학이나 사회학 관련한 아무런 학위도 없지만, 하지만 내 경험은 그 어떤 학위가 가질 수 있는 것보다 훨씬 더 귀중하고 유용하다. 그것은 첫째, 내 자신이 과거에 징징거림 환자였기 때문이다. 다른 모든 여성들처럼, 자연스럽게 징징거리는 소녀로 태어났고, 나는 표준적인 징징거림의 모든 전술들을 완벽하게 소화해 내면서 재빠르게 새로운 방법들을 창조적으로 만들어 내기도 했다.

내 두 번째 자격 조건은, 나는 여자라는 점이다. 다른 말로 하자면, 내가 원할 때마다 그것이 무엇이던지, 그것에 대한 내 생각을 내 마음대로 변화시킬 수 있다는 뜻이다. 요사이 나는 골프를 치고, 작가이고, 아내이고, 미망인이고, 엄마이자, 할머니이다. 그리고 라디오 토크쇼의 진행자이고, 〈징징대는 시대 Whine Time〉라는 인터넷 잡지를 펴내고 있다. 징징거림에 관해서 말하자면, 그 누구보다 징징댈 일도 많고 또한 누구보다도 징징거림 퇴치법이 절실한 사람이다.

징징거림 비평가로서, 나는 징징거림 치료를 돕기 위한 나만의 치료법을 고안해 냈다. 그것을 나는 '와인슈타인(Whinestein) 이론'이라고 부른다. 이것은 생활의 패러다임을 완전히 바꾸거나, 우리가 아는 그 위대한 아인슈타인의 상대성이론인 $e=mc^2$ 공식—물론 이것이 무슨 의미인지 잘 알지 못하지만—처럼 절대적인 법칙도 아니다. 나는 과학자도 아니고 그랬던 적도 전혀 없으며, 내가 아인슈타인에 대해서 글을 쓰는 것만으로도 건방진 일일 수도 있다. 그러나 방법이 없다. 아인슈타인은 공간과 시간에 대해서 과학의 이론을 제시한 것처럼, 나는 징징거림에 대한 소박한 민간과학에서의 소소한 이론을 제안하며 징징이들에게 도움을 주고 싶다.

와인스타인 이론은 $W=MC^2$(Whining=Majar Complaining, Squared)로 정의되며, 징징거림은 우리 생활 속의 두드러진 불평불만이 거듭되고 거듭되는 것이라 할 수 있다.

이 이론을 확장시키기 위해서, 나는 징징거림의 심각한 역기능에 대한 이해와 치료를 위한 분석틀을 함께 제안한다. 징징거림의 위험도에 대해 단계별로 별을 부여하는 이 방법은 징징대는 사람과 그것의 희생자 모두가 병의 심각성과 이 유행병의 추세를 정확히 인지하는 것을 돕기 위해서 고안한 것이다.

★ 화내기 : 온순한 '화' 초조함을 유발시킴.
　　행위자의 의도 : 불평하며 동정심을 얻고 싶을 뿐이고...
★★ 관심과 주의 끌기 : 짜증섞인 정신 집중을 요청하고, 강한 초조함을 유발함.
　　행위자의 의도 : 당신은 나를 인정해야만 한다, 지금 당장.
★★★ 공격하기 : 분노로 이어질 수 있는 심각한 '화' 또는 '짜증'을 초래함.
　　행위자의 의도 : 난 정말 당신을 열 받게 하고 싶다.
★★★★ 독설 : 모욕과 공격을 통해 심각한 심리적인 위해를 가하거나 그 이상을 초래함.
　　행위자의 의도 : 공격적인 언사를 통해 당신이 회복할 수 없을 정도로 상처받기 전까지 나는 멈추지 않을 것이다.

(독설 같은 징징거림은 아주 심각한 문제이고, 나는 이런 것을 다루고 싶지 않으며, 어떤 방식으로도 정당화시키고 싶지 않다. 당신이 아는 어떤 사람이 독설 수준의 징징거림의 중독자라고 생각된다면 심리학자 또는 적당한 관계기관을 찾아가길 권해야 한다.)

이제, 내 징징거림 치유 시스템과 이 책이 어떻게 기능하는지를 설명하겠다. 이 책은 11장으로 구성됐으며, 각각의 장은 당신이 이웃 또는 가족의 일원에게서 자주 들을 수 있는 상위 10개의 징징거림과 그것에 대처하는 방법으로 이루어졌다.

당신에게 명확한 사례를 보여 주기 위해서, 여기에 내 길고 긴 결혼생활 동안 내가 징징거림을 다루어 온 방법을 소개할까 한다. 이 유형의 징징거림은 '4장 부부'에서 소개되고 있는데, 다른 무엇보다도 나를 현재의 징징거림 전문가로 만든 것이 바로 이것이다.

내 남편은 베개에 대한 징징거림 때문에 '별 세 개짜리 징징이'이다. 이것은 당신에게 특별한 문제가 아닌 것처럼 보일 수도 있다. 하지만 실은 그렇지 않다. 처음에는 단순한 별 한 개짜리 징징거림, 잠자리에 가면서 침대에 있는 베개들을 마루에 던지면서 시작되었다. "왜 이렇게 많은 베개가 필요한 거요?" 아내들이 남편들을 무시하는 데에는 꽤 능숙하기 때문에, 이 정도는 견딜 수 있는 정도였다.

그렇지만, 얼마 지나지 않아 그는 별 두 개짜리로 변했다. 그는 주목을 원했고, 어떻게 얻을 수 있는지 알았다: 대중들을 이용했다! 나는 믿을 수가 없었다. 우리는 다른 커플과 함께 저녁식사를 하러 갔고, 남편은 다른 남편에게, "당신 침대에는 베개가 몇 개나 있나요?"라고 아무렇지도 않은 듯 묻는 것이었다. 그 사람은 답을 못하고 그의 아내에게 물어 봐야 했다. 곧, 우리 모두는 베개에 관해서 공공연히 이야기하고 있었다.

내 남편은 즉석에서 별 세 개짜리로 변신했다. 남편은 그들 부부 침대에 우리보다 더 적은 수의 베개가 놓여 있다는 것을 확인하고서, 내게 눈썹을 한번 치켜뜨더니 계속 물었다. "혹시 그 베개를 만질 수 있도록 아내가 가만 놔두나요?" 나는 깜짝 놀랐지만, 그는 계속했다. "밤에 그것을 내려놓았다가 아침에 다시 올려놓아도 말썽이 나지 않나요? 혹시 제자리를 못 찾아 놓아도 아내가 뭐라 안하나요?"

그 사람의 아내와 나는 여자들의 연대감뿐만 아니라, 세상의 어떤 남자도 아내가 만족할 만큼 베개들을 다시 제자리로 돌려놓을 수 있는 남편은 없다는 만족감으로 흐뭇한 눈길을 서로에게 보낼 뿐이었다.

베개 때문에 징징거리는 별 세 개짜리 징징이를 당신은 어떻게 다루겠는가? 이런 경우에 나는 만병통치약인 웃음치료를 사용하곤 한다. 아주 거짓 없는 웃음과 함께 시작된다. "여보, 오늘 밤 아주 로맨틱한 밤을 위한 저녁 식사는 어때요?" 계속해서, "당신이 다른 남편들과 우리 침실의 베개에 대해서 더 이상 이야기하지 않으면, 식사 후에 벽난로 앞에서 '우리만의 베개 이야기'를 나눌 수 있을 것 같아요." 그리고 이렇게 마무리 한다. "베개를 마루에 떨어뜨리면서 베개의 숫자를 셀 수 있을 것이고, 어쩌면 우리가 몇 개나 가지고 있는지 확실히 알 수 있을 거예요." 음, 무슨 말인지 독자들은 이해할 것이다. 그리고 누구라도 징징거림보다 웃음이 더 낫다는 것에 동의할 것이다.

웃음이 보편적인 치료이긴 하지만, 모두가 승자의 웃음을 자신의 의지대로 만들어 낼 수는 없다. 웃음은 가르쳐도 못하는 사람들이 있는 반면, 어떤 사람들은 웃음을 얼굴에 머금고 태어나기도 한다. 나는 얼굴에 웃음을 달고 사는 사람이다. 반면에 내 남편은 마지막 수단으로만 웃음을 사용한다. 우리 가족이 'Family Feud(가족이 참여하는 게임쇼)' 프로그램에 출연 신청을 했었는데, 남편은 우리가 오디션을 보기 전에 웃는 훈련을 받아야만 했다. 그런데 우리가 진행자와 무대에 섰을 때, 그는 웃음을 멈추질 못했다. 문제는 내 남편의 웃음이 누구도 다시 보고 싶지 않은 초조하고, 히스테리컬한 웃음이었다는 점이다. 다행히 그 장면은 우리들만의 홈 비디오로만 남겨지게 됐다.

나는 남편과 반대의 문제가 있다. 웃음을 멈출 수가 없다. 한번은 수술실에서 실려 나오면서도 웃고 있었다. 웃는 사람들에게 삶은 보다 더 편안하긴 하지만, 가끔씩 난처한 상황을 만들기도 한다. 예를 들면, 장례식에서는 웃음이 부적절할 수 있다. 교회와 진지한 연극 공연장도 내가 마음 놓을 수 없는 곳이다. 문제는 웃음이 히스테리컬하거나 부적절한 행동으로 바뀔 수 있다는 점이다.

웃음으로 인한 내 자신의 문제에도 불구하고, 나는 여전히 웃음을 징징거림을 위한 최선의 치료방법으로 추천한다. 웃음은 언제나 징징거리는 사람을 무장해제 시킬 것이다. 웃음이 오가는 와중에 징징거리는 것은 불가능하다. 징징이들은 당신을 모욕하거나 어떨 때는 그저 투덜대면서 갈팡질팡할 것이다. 두 경우 모두 자신을 갉아먹고 지치게 하면서 말이다. 아주 고질적인 징징이들조차도 투덜이 선수가 되는 것보다 무례한 사람, 야만적인 사람으로 불리는 것이 훨씬 나쁘다는 것을 알고 있을 것이다. 그들을 배에 태워 웃음의 바다로 밀어 주어야 한다.

웃음치료가 좋은 점은, 얼굴에 웃음을 머금고 있는 한, 당신이 무슨 말을 하거나, 무슨 행동을 하더라도 웬만해서는 괜찮다는 점이다. 여기에 소개하는 치료들은 여러 연령대, 성별, 인종, 사회적인 계층에 따른 수백 명에 대한 조사결과를 수년간의 연구를 통해서 추려낸 것들이다. 나의 바램은 이 책의 110가지의 징징거림에 대한 110가지의 치료에 더해 당신 스스로 당신만의 웃음 묘약을 개발하고 덧붙여 가는 것이다.

이 책에 가려 뽑은 징징거림들은 내 연구에 참여한 대상자들이 솔직함과 유머를 가지고 대답했던 중독성 있는 징징거림의 주제로 각각의 연령대가 자주 빠져 허우적대는 상위 10개의 징징거림들이다. 여기서는 그 각각의 징징거림에 대한 정확한 인식과 진단 그리고 몇 가지 아이디어를 치료제로 제시하며 함께 논의되고 있다.

이 연구를 하는 것이 내가 해 본 무엇보다도 가장 재미있고, 즐거운 프로젝트 중 하나였다. 날마다 전자우편의 내용들이 나를 웃게 만들었고, 전 세계로부터 많은 사람들이 창조적인 대답들을 보내 와서, 책 몇 권이 가능할 정도로 많은 자료를 갖게 됐다. 삶의 경험이 생생하게 녹아있는 집단지성의 발현 과정이었다. 나는 마치 세상의 불평과 징징거림에 대한 중앙정보센터가 된 것 같았다. 그리하여 여기, 내 경험과 제안들을 당신 그리고 당신의 경험들과 발견을 함께 나눌 수 있게 되었다.

이 책에서 당신이 좋아하는 징징이, 투덜이들의 모습을 만날 수 있기를 기대한다. 만약 당신 자신을 만나게 된다면, 징징대는 것의 대상이 무엇이던지 간에, 징징거림은 멈춰라!

차례

역자서문
서문

1장 아이들   19

2장 십대들   45

3장 부모   71

4장 부부들   97

5장 솔로들   123

6장 베이비붐 세대   149

7장 노인들   175

8장 여자	**203**
9장 남자	**229**
10장 죽마고우	**255**
11장 조부모	**283**

책을 마치며

1장 아이들

> **아이들의 징징거림 Top 10**
>
> 1. 잠자리 들기
> 2. 나눠 갖기
> 3. 순서 지키기
> 4. 아침에 일어나기
> 5. 아이 돌보미
> 6. 목욕하기
> 7. 숙제
> 8. 이 닦기
> 9. 자리 차지하기
> 10. 그가 날 쳐다봐요

내 것과 똑같은 것이라면, 내꺼야...
그게 너꺼라도, 난 그냥 가져갈 거야.
내 생각에 그것이 내 것이라면...

그러나 고장난 것이라면... 그건 네거야.

― 내 아이들... 그리고 아마 당신 아이들도...

아이들과 징징거림은 떨어지지 않고 항상 함께 다닌다. 아이들은 때와 장소를 가리지 않는다. 부모를 난처하게 할 수 있는 한 그것이 무엇이든지 아이들은 징징댈 수 있다. 보통의 아이들이 항상 이렇다. 사람들 앞에서 절대 정상적으로 행동하지 않기 분야에서 이들보다 솜씨 좋은 전문가는 없기 때문이다.

대다수의 아이들은 물건들을 공유하는 것에 대해 항상 징징거린다. 모든 부모가 이런 수순에 익숙하다: 내 손에 있으면 내 것, 고장난 것은 네 것. 형제자매들 사이에서의 투덜거림 중 백미는 아주 고전적이고 불가사의한 것으로 "(형이) 날 쳐다봐요" 라며 징징대는 것이다.

물론, 모든 전문가들은 아이들은 키우는 데에는 최선의 방법이 있다고 말할 것이다. 불행하게도, 지금까지 그 방법이 실제로 무엇인지에 대해서 누구도 합의에 이르지 못했다는 점이다. 내게도 몇 가지 생각들이 있긴 하지만, 여기서 꺼내 놓지는 않을 셈이다. 세월이 흐른 뒤에 느긋하게 앉아서, 마침내 다가온 신나는 복수의 시간을 즐기는 것이 훨씬 더 재미있고 보상이 크지 않을까? 내 아이들이 그들 자신의 아이들을 키우는 것을 지켜보는 것 말이다.

1. 잠자리 들기

대화의 기술 따윈 더 이상 존재하지 않는다고 생각하는 사람은
아이에게 잠자리에 들라고 이야기를 해봐야 한다.
― Robert Gallagher

꼭 자야만 해요?

진단 : 이것은 모든 연령의 아이들이 가장 자주 징징거리는 것 중의 하나이다. 아이들 모두가 하는, 징징거림의 전지전능한 이유이기도 하다. 누구도 흥이 깨지길 원치 않으며, 재미있는 일을 멈추고 싶지 않다. 아이들은 이 사실을 당신에게 주지시키기 위해 가장 짜증스럽고, 화나고, 징징거리는 목소리로 당신이 정신줄을 놓기 직전까지 그렇게 몰아댈 것이다. 그들은 아장아장 걷기 시작할 때부터, 그들에게 가장 최악의 시간은 잠 잘 시간이라는 것을 알게 된다. 마찬가지로, 부모들에게 그것이 가장 최고의 시간이라는 것도 안다. 부모는 고요함을 깨지 않도록 최선을 다한다 해도, 바로 그 점이 아이들의 징징거림을 유혹하는 이유이기도 하다. 불행하게도, 일찍 잠자리에 들기와 아이들의 본성은 거리가 멀다. 그들이 십

대가 되었을 때야 비로소 잠의 소중함을 깨닫는다. 특히 학교에 가야 하는 아침에.

조금만 더 있다가 자면 안 돼요?

제안 : 나는 "엄마가 이미 이야기 했다" 치료로 많은 효과를 보았다. 그 치료제는 엄마가 아주 지쳤을 때 나오는, 아주 사랑스러운 엄마가 줄 수 있는 '그 표정'이 동반될 때 효과적이다. 그렇지만 징징거림을 막을 수 있는 최고의 방법은 노래, 이야기 그리고 많은 사랑이 함께 하는 잠자리 게임을 만드는 것이다. '간지럼 벌레의 공격'은 그들뿐만 아니라 부모에게도 재미있는 일이다. 물론 아이들은 스스로를 그런 장난을 하기에는 너무 나이가 들었다고 생각할지라도 말이다. 그리고 예쁜 취침등과 그들이 좋아하는 동물 인형으로 그들을 편안하게 해 주는 것도 잊지 말아라. 갓난아기 때의 가짜 젖꼭지의 효과를 기억하며 그 대용품을 제시해야 한다.

2. 나눠 갖기

> 아이들을 키우는 최고의 방법은 있다.
> 불행한 사실은, 아무도 그것이 무엇인지 모른다는 것이다.
> — January Jones

꼭 나눠야 돼?

진단 : 나눠 갖기는 당신이 아이들에게 가르쳐야 하는 덕목 중 가장 어려운 부분이다. 다른 누군가와 무언가를 나눠 갖는다는 것은 그들의 본성과는 전혀 어울리지 않는다. 그들은 본능적으로 모두 자기 영역을 넓히는 방법을 배운다. 나누지 않는 것은 자기 보존 본능의 일부이다. 그들의 장난감, 인형, 가장 친한 친구 또는 부모를 각자 나눠 갖는 것은 특별히 더 어렵다. 그렇지 않은 경우가 없겠지만, 특히 상대방이 나누려 하지 않을 때 더욱 그렇다. 현실을 인정해야 한다: 아이들은 단지 그들이 가진 것을 다른 사람들이 가지는 것을 원치 않는다. 그리고 불행하게도 요즈음의 어른들도 별반 차이는 없다.

싫어요. 그러고 싶지 않아.

제안 : "나눠 갖는 것은 재미있다"는 치료제가 효과적인 방안이다. 하지만 아이들이 그것에 동조하지 않을 때는, 필자가 가장 효과적으로 사용해온 "엄마가 이미 이야기 했다"로 대체하는 것이 방법이다. 그 모든 것은 눈빛과 목소리 톤에 달려 있다. 당신은 아이들에게 그 단호한 표정을 완벽하게 보여 줘야 한다. 이 효과적이고 믿음직한 톤은 다년간의 연습을 통해서 만들어진다. 그리고 아이들이 다른 사람과 나눠 가질 때 아이들을 칭찬해 줘야만 한다. 그들이 스스로에 대해 자랑스럽게 생각하게 만들고, 그런 행동은 모든 '큰 아이들'이 하는 멋진 것으로 느끼도록 해 줘야 한다. 음, 적어도 큰 아이들 중 일부는 그렇다는 말이다.

3. 순서 지키기

아이들로부터 많은 것들을 배울 수 있다.
예를 들면, 얼마나 많은 인내를 당신이 갖고 있는 지부터...
― Franklin P. Jones

내 차례야.

진단 : 순서를 지키는 것은 어떤 아이에게도 배우기 쉽지 않은 것이다. 특히 외동아이에게는 더욱 그렇다. 어떻든, 당신은 아이들에게 순서를 지키는 것이 재미있다는 것을 확신시켜야 한다. 실패한다면, 그들은 부모, 조부모를 제외하고는 함께 할 친구를 얻지 못할 것이다. 그들이 좀더 나이가 들수록, 또래 친구들과는 재빨리 순서를 지키는 예술을 터득할 것이다. 그러나 형제자매와는 시간이 더 걸릴 것이다. 다섯 살 이하의 아이들에게 기다림은 지루하고, 조바심나고, 참기 힘든 일이다. 심지어는 50살까지도 그렇다. 순서 지키기의 가장 힘든 부분은 두 번째, 세 번째, 네 번째...가 되는 것이다. 첫 번째가 되는 것보다 훨씬 재미가 없기 때문이다.

내 순서는 오지도 않을 거야.

제안 : 나는 아이들이 사이좋게 함께 하는 것을 지키지 않을 때, "대신, 벽보고 서 있거나 잠자리로 가기"라는 치료제를 자주 쓴다. 말할 필요도 없이 그들은 친구들과 함께 하는 것, 아주 이따금씩이긴 하지만 그들의 형제들과 함께하는 데에는 아주 능숙하게 됐다. 큰 아이들은 그렇게 함께 나누고 차례를 지킨다고 어린 아이들에게 말해 주는 것이 다소 도움이 된다. 얌전하게 인내심을 갖고 순서를 기다리는 방법을 일찍 아이들에게 가르치는 것은, 그들이 앞으로 맞닥뜨릴 많은 줄 앞에서의 인내에 익숙해지도록 준비시켜 줄 것이다. 예를 들면 인내심을 시험하는 아무도 없는 텅 빈 운전면허 시험장에서, 슈퍼마켓 그리고 우체국에서 말이다.

4. 아침에 일어나기

> 아이들 없는 집은 무엇일까요?
> 고요함!
> — Henny Youngman

제발 자게 놔둬.

진단 : 대다수의 아이들은 학교를 가기 시작할 때가 되면 일어나기를 싫어한다. 취학 이전에 그들은 남들을 다 깨워가면서까지 새벽에 일어나는 것도 아주 좋아했을지 모른다. 그러나 상황이 달라졌다. 당신의 나이와 상관없이, 아이를 깨우는 것은 매일 부딪히는 고난의 연속이다. 춥거나 비라도 오는 겨울에는 더더욱 그렇다. 나는 아이들 덕택에 한 가지 더 깨달았다. 궂은 날씨는 단지 학교에 가는 평일에만 아이들이 일어나는 것을 늦출 뿐이라는 것을 말이다. 주말이 되면 아이들은 아침 일찍부터 부산을 떤다. 설탕 가득한 시리얼을 찾거나 이른 새벽부터 만화를 보는 데에 비나 눈은 전혀 상관할 바가 없다는 듯이 말이다.

일어나질 못하겠어! 너무 피곤해!

제안 : 내가 가장 좋아하는 아이들 깨우기 치료제는 "일어나, 일어나, 계란과 베이컨이 준비됐어(Wakey, wakey, eggs and bakey)"라는 노래를 계속해서 부르는 것이다. 내가 부르는 이 노래는 아이들을 반드시 일어나게 만든다. 내가 노래하는 것을 멈추게 해야 하기 때문이다. 이 노래는 일어나기 싫어하는 아이들을 위해 아주 효과적인 치료제이다. 당신의 목소리가 아이들을 굉장히 성가시거나 화나게 하는 목소리를 가졌다면 금상첨화다. 사실 대다수 엄마들의 목소리가 최소한 아이들에게는 그렇게 들리는 목소리이다. 또 다른 훌륭한 치료제는, 그들이 시간을 읽을 수 있는 나이가 되자마자 알람시계를 사주는 것이다. 그리고 그들에게 일어날 시간을 맞추고 그것을 아침에 끄도록 책임 지워야 한다. 단, 알람시계를 가능한 한 아이들의 침대에서 멀리 떨어뜨려 놓아라.

5. 아이 돌보미

아이는 곱슬머리와 보조개를 가진 미치광이다.
— Ralph Waldo Emerson

그녀가 싫어요!

진단 : 아이에게 이것은 절대 빗나갈 수 없는, 당신을 겨냥한 백발백중의 무기를 사용할 절호의 기회이다. 물론 이것은 부모 입장에서는 공정한 전술은 아니다. 그러나 그들에겐 최고의 전술이다. 이것은 이제 막 아이들의 변덕과 속임수에 관한 요령을 터득하기 시작하는 초보 부모들에게 더더욱 성공적이다. 모든 아이들은 엄마 아빠가 자신의 작은 눈에 눈물이 맺혀 있는 것을 보면서 문 밖으로 나서지 못한다는 것을 직관적으로 알고 있다.

가지 마세요. 보고 싶어요.

제안 : 나는 "뇌물"을 사용하는 것을 그다지 찬성하는 편은

아니다. 그것이 결국은 전혀 예상치 못한 때에 당신의 뒷목을 뻐근하게 할 것을 알고 있기 때문이다. 그러나 때로는 그것이 문밖으로 나갈 수 있도록 하는 가장 쉬운 방법인 것도 사실이다. 나는 부작용을 최소화할 수 있도록 "놀라운 일에 대한 약속"이라 불리는 치료제를 사용한다. 사실, 뇌물은 속이 뻔히 들여다보이거나 말거나, 당신을 아이들의 징징거림으로부터 탈출시켜 줄 것이다. 아이들이 눈물을 이용해 아주 효과적으로 당신을 공격할 때 맞설 수 있는 다른 치료제들이 있을 수도 있다. 그렇지만, 좋든 싫든 "뇌물"이 가장 잘 통한다. 불편한 방법일 수도 있지만, 아이 돌보미와 관련된 아이들의 징징거림을 다루는 또 다른 방법은 아이들이 좋아하는 사람에게 부탁하는 것이다. 아이들의 할머니 할아버지가 여기에 최적이다. 그분들이 당신을 얼마나 사랑하건 간에, 이것은 그분들에게 후한 접대인 동시에 당신을 밖으로 나가게 해 줄 수 있는 열쇠가 되기도 한다.

6. 목욕하기

소년 (명사) : 먼지를 뒤집어 쓴 소음.
소녀 (명사) : 달콤하고 향긋하고 좋은 모든 것,
특별히 거품 목욕을 할 때.
— 평범하지 않은 사전

꼭 씻어야 하나요?

진단 : 어린 남자 아이들과 대다수의 어른 남자들은 목욕을 싫어한다. 바다, 물웅덩이 또는 수영장이 아니라면 물에 젖기를 원하지 않도록 만드는 DNA가 그들 안에 있다. 그들은 먼지를 뒤집어 쓴 채 노는 걸 좋아하고 새끼돼지 냄새가 날 정도로 즐긴다. 이런 징징거림은 대개 남자 아이들의 문제라 해도 전체 아이들 투덜거림 상위 10위 안에 들 수 있다. 왜냐하면 거품목욕을 즐기는 여자 아이 한 명에, 욕조에서 오랜 시간을 보내느니 차라리 뜨거운 용암을 마시겠다는 남자 아이 열 명은 되기 때문이다.

했어요... 어제...

제안 : 제일 중요한 것은, 목욕을 하느냐 마느냐는 토론할 문제가 아니라는 것을 분명히 하는 것이다. 이것은 소년이나 사내 같은 여자 아이들에게 납득시키기 어려운 것이긴 하다. "샤워 해" 치료제를 그들에게 가르칠 수 있을 때까지 기다리고 쉬는 것이 가장 좋다. 그들이 스스로 샤워를 할 만큼 충분히 성장하면, 그들을 절대 밖으로 끌어 낼 수 없을 것이다. 어떤 남자들은 샤워 중에 면도도 하고, 계획을 짜고, 휴대전화로 통화까지 한다. 그곳은 그들의 엄마, 아내, 아이들 그리고 그들이 피하고 싶은 그 모든 사람들로부터 안전하면서도 흠뻑 빠질 수 있는 안식처라 할 수 있다.

7. 숙제

> 인생은 단순하다. 그러나 쉽지는 않다.
> — Susan Vopicka

숙제 안 하면 안 돼요?

진단 : 어떤 이유에서인지, 대다수의 여자 아이들은 숙제하기를 좋아하고 남자 아이들은 아주 격렬하게 싫어한다. 그렇지만 이런 행동 양식은 여자 아이들이 조금 더 자라 숙제보다 남자 아이들에게 관심을 갖게 되면서 변한다. 남자 아이들이 숙제를 싫어하는 이유는 그들이 원하는 모든 것은 단지, 하루 종일, 놀고, 놀고 또 노는 것이 전부기 때문이라는 것이 내 생각이다. 그들의 삶을 통틀어서 계속해서 발현될 그들 DNA의 일부이다. 사실, 놀고 즐기는 것보다 일하는 것에 더 큰 즐거움을 느끼는 사람이 남자건, 여자건 또는 아이건 과연 있기나 할까?

나중에 할게요.

제안 : '숙제 전투'는 아이와 겨뤄야 하는 가장 힘겨운 전투 중의 하나이다. 나는 2대에 걸쳐서 이 재밌는 싸움을 해 왔다. 그리고 하나의 확실한 처방을 발견했다. "결과로 위협하기" 치료. 예를 들면, "네가 지금 당장 숙제를 하지 않는다면, 너는 OOO(그들이 정말 하기 싫어하는 어떤 것을 대신 채워)을 해야만 한다"라고 말하는 것이다. 이것은 그리 온순한 방식은 아니라 다소 격한 기술일 수도 있다. 하지만 그들의 행동방식에서 무엇이 잘못되었는지를 깨닫게 하며, 나아가 진짜 하기 싫은 것이라도 하게 만드는데 유용한 방법이다. 그들에게 진짜 어려운 것은 지금 당장의 숙제가 아니라, 그들이 약 20년 후에 그들의 축소판들에게 숙제를 마치라고 설득하는 일일 것이다.

8. 이 닦기

> 평범한 아이의 특성은 그들이 너무도 자주 평범하게 행동하지
> 않는다는 것이다. 치아에 대해서라면 말해 무엇하랴.
> — Kelly Jonassen

꼭 닦아야 해요?

진단 : 이 닦기는 아이들이 하고 싶어하는 즐거운 것들로부터 시간을 빼앗는 것이다. 게다가 저녁에 이빨을 닦는다는 것은 곧 잠자리에 들 시간이라는 것을 의미하기도 한다. 그것은 잠자리로 이끄는 모든 것들처럼, 그들이 모두 피하려고 하는 의식의 하나이다. 밥 먹은 후에 이 닦는 문제에 대해서는 너무 지나칠 필요가 없다. 이것은 어떤 강제력을 동원하지 않는다면 어떤 아이도 하려 들지 않을 일이다. 그러나 이것은 아동학대방지법 때문에 별로 추천하지 않는 방법이다.

벌써 했어요.

제안 : 아이들이 이빨을 닦지 않으려 할 때 난 이 방법으로 효

과를 톡톡히 봤다. 그들에게 "충치 치료"를 받아야 한다고 말하는 것이다. 치과에 가야 한다는 것, 그들에게는 제대로 징징거릴 일이 되는 것이다. 혹시 치과에 가는 것에 대하여 징징거리지 않는 아이 또는 어른을 알고 있는가? 치과에 가는 것이 탐탁치 않다는 것은 일상생활의 단순 명쾌한 진리이다. 이것은 치과의사들조차도 그렇다. 치과의사들이 전하는 말에 따르면, 그들이 만족하고 행복할 때는 환자로서 앉아 있는 치과가 아니라, 오직 그들이 치과용 드릴을 들고 있을 때라고 말이다.

9. 자리 차지하기

아이는 어떤 엄마도 어쩌지 못하는 상황들을 만들 수 있다.
— January Jones

앞자리는 내꺼야!

진단 : 모든 아이들은 많은 사람들이 탄 차에서 항상 앞자리에 앉고 싶어 한다. 처음에 나는 그것이 내 옆에 앉고 싶기 때문이라고 생각했다. 그러나 그것이 음악에 대한 통제권을 갖기 위한 것이라는 것을 깨달았다. 앞자리의 아이는 언제나 손만 뻗으면 라디오를 조정할 수 있고, 그것은 그 아이에게 차에 있는 모든 사람보다 우월한 지위를 갖는다는 것을 의미한다. 이것은 아이들이 다른 사람들에게 충격을 줄 수 있는 대단한 기회이며, 그들의 서열을 바꾸려는 끊임없는 전쟁에서 놓칠 수 없는 기회이다. 불행하게도 차 탑승 시에는 나이와 크기의 차별이 존재한다. 가장 나이 많고 큰 아이가 항상 내 앞좌석의 동행이었다. 종족 생활에서 족장의 옆에 앉는 것은 아주 중요한 일이라는 것을 기억해야 한다.

그가 내 자리를 차지했어.

제안 : 아이들이 차에서 다투면서 화나게 할 때, 나는 그들에게 "최후의 최후통첩" 치료를 사용한다. 이것은 그들이 내가 좋아하는 라디오 음악을 듣도록 강요하고, 극단적인 경우에는 내 노래를 듣는 것까지 감수해야 한다는 것을 포함한다. 그들이 조용히 앉아서 입을 닫을 때까지 말이다. 아이들은 단순히 그 노래들이 '쿨' 하지 않기 때문에, 내가 좋아하는 모든 것에 대한 그들의 뿌리 깊은 반감 덕택에, 이것이 내게는 가장 영리하고 빠른 치료법이 되었다. 나는 이 효과적인 치료방안을 아이들과 함께 차를 타고 고속도로 그리고 인생의 길을 함께 달리는 부모들과 꼭 나누고 싶다.

10. 그가 날 쳐다봐요

> 아이는 현명한 엄마가 도저히 대답할 수 없는 질문들을 한다.
> — Lisa Moellering

그에게 그만하라고 말해 주세요.
진단 : 동생을 괴롭히는 형과 누나가 항상 이런 징징거림을 유발시킨다. 카인과 아벨이 에덴동산에서 서로에게 공격 자세를 취하던 그 때 이후로, 끊임없이 형제자매들 간에 벌어지는 하나의 의식과도 같은 것이다. 이런 시나리오는 보통 좀더 어린 아이가 누군가 그를 '쳐다보고 있다'는 징징거림에서 시작된다. 그 다음은 큰 아이가 경멸스러운 동생은커녕 누구도 쳐다보지 않았다고 말한다. 이렇게 그 악순환은 계속된다.

그가 여전히 날 보고 있어요.
제안 : 이 불가사의하게 지속되는 상황이 내 아이들에게서 처음 일어났을 무렵, 나는 보통 누군가를 쳐다보는 것은 법에

어긋나는 일이 아니라는 것을 설명하려고 노력했다. 그것은 나에게는 너무도 당연한 이야기였지만, 그들에게는 결코 효과가 없었다. 나는 수많은 시간을 아이들에게 같은 내용을 납득시키려는 헛된 노력을 기울였다. 나는 이 기술을 사용하면서 좀더 현명하게 보이려고 노력했지만, 내 아이들은 언제나 내 논리의 약점을 찾아냈고, 결국은 나를 화나게 만드는 데 성공하곤 했다. 마지막 수단으로 나는 아이들 모두에게 "선글라스를 써라"는 치료제를 사용했다. 안에서나 밖에서나, 날씨가 좋거나 나쁘거나 상관없이. 누구도 누구를 쳐다볼 수도 없었고, 누가 누구를 보는지 알 수 없었다. 그것은 확실히 나를 웃게 만들었다. 그들이 거실에 앉아 그들의 선글라스 그림자를 통해 조용히 만화를 보면서 다른 사람을 흘깃 보는 것도 피하려 조심하는 것을 보는 재미를 느껴 보시라.

징징거리는 아이들에게 요모조모 유용한 최고의 처방

"노르웨이의 Ris-paa-rumpen" 치료

아이들에게서 징징거림을 막을 수 있는 이 소중한 방법은 내 남편의 노르웨이 부모로부터 이 나라로 들어왔다. 그들은 현명하고 경이로웠으며 그들의 모든 가족, 특별히 그들의 손자들에게 아주 많은 사랑을 받았던 분들이다. 어떤 누구라도 징징거리기 시작하면, 아이에게 간단한 질문을 하면서 그 치료가 시작됐다: "너 Ris-paa-rumpen을 원하니?" 그것은 질문의 형식을 취하고 있지만 대답을 요구하지는 않는 것으로, 그 점이 바로 효과적인 방법이 되도록 만드는 것이다.

"Ris-paa-rumpen"에 대해 내 방식으로 설명하면, 노르웨이 가족들이 사용하는 말로, 부드럽고 사랑스럽게 아이들의 엉덩이를 톡톡 쳐주는 것을 의미한다. 이 치료가 아주 놀랍도록 효과적인 치료가 되는 것은 모든 부모 또는 조부모가 최대 효과를 위해 그들 나름의 방식을 개발할 수 있다는 점이다. 내 남편은 아이를 힘껏 끌어안고 아이들의 눈을 보면서 'Ris-paa-rumpen'을 원하냐고 묻곤 했다.

나는 정말 한 번도 아이에게서 '그래요'라는 대답을 들어본 적이 없다. 그리고 당신이 아동보호기관에 우리를 신고하려 한다면, 내가 기억하는 한 실제 Ris-paa-rumpen 치료는 우리 가족에서 사용될 필요는 전혀 없었다는 것을 말하고자 한다. 우리 아이들의 증언? 수많은 해가 지난 지금에 와서 아이들의 기억력을 믿는 부모는 아이들에 대한 기대가 너무 큰 것은 아닌지 점검해 볼 필요가 있을 것이다.

2장 십대들

십대들의 징징거림 Top 10

1. TV와 컴퓨터
2. 숙제와 성적
3. 용돈
4. 귀가시간
5. 운전
6. 연애
7. 인기
8. 몸무게
9. 여드름과 피부
10. 또래집단의 압력

아이들이 더 이상 그들이 어디에서 왔는지를 묻지 않고,
그들이 어디에 가는지 당신에게 말하려 하지 않을 때,
당신은 아이들은 십대가 된 것이다.
— *January Jones*

사춘기 : 아이와 어른의 중간 무대
— *Ambrose Bierce*

내 자신의 십대 때의 경험과 네 아이를 기른 경험에서 보자면, 십대들과 징징거림은 십대들과 게임만큼이나 찰떡궁합이다. 분명한 것은 당신이 아이를 갖기 이전에 십대들의 투덜거림의 악몽에 대해서 당신에게 누구도 말해 주지 않는다는 것이다. 만약 그런 일이 있었다면, 지금 우리는 문명의 마지막 지점을 살고 있을 것이다. 누구도 아이를 낳지 않으려 했을 테니까.

십대들에 대한 나의 결론은 그들은 언제나 전혀 관련 없는 문제들을 끌어다가 징징거린다는 것이며, 당신이 도움이 필요할 때는 그들은 항상 너무 바쁘다는 것이다. 또한 그들은 아주 사소하기 그지없는, 바로 십대들이 응당 거쳐야 할 성장통에 불과하다고 부모들은 생각하는 그런 사소하고 덧없는 문제들에 대해서 징징댄다. 하지만 자라는 십대들에게 이것을 설명하려고 해 본들 불가능한 일이다.

당신의 아이들이 평범한 사춘기의 고달픈 시도와 고난들을 거쳐 가는 것을 보는 것은 아주 심각한 독감을 달고 살아가는 것과 같다. 끔찍하다. 그럼에도 불구하고 기억해야 한다. 치료제는 따로 없지만, 결국은 상황은 나아질 것이고 시간은 지나갈 것이다. 그 후에, 그들은 또 징징거릴 새로운 것들을 찾아 내겠지만. 하지만 집에서 징징거리는 아이를 대하는 게 방황하며 징징거리는 애 같은 어른을 다루는 것보다 쉽다는 것을 기억해라. 지금 걱정하지 마라. 시간이 멈추지만 않는다면, 결국 당신에게 때가 올 것이다.

1. TV와 컴퓨터

> 성장통이 십대들이 가지고 있는 것인지,
> 십대들 그 자체인지 결론 내리기는 쉽지 않다.
> — January Jones

조금 있다 끌게요.

진단 : 오늘날 대다수의 십대들은 TV와 컴퓨터에 중독됐다. 그들은 아주 어렸을 때부터 이 기기들을 사용해 왔기 때문에 이 기계류를 잘 다루고 친숙하다. 우리들이 낮잠을 자거나 천천히 산책하는 것만큼이나, 그들은 TV를 보거나 컴퓨터를 사용하는 것이 친숙하고 편안한 것이다. TV와 컴퓨터는 십대들이 아직 합류할 준비가 안된 세상으로부터의 피난처이다. 당신은 무조건 그들을 탓할 수만은 없다. 세상은 우리 모두에게도 여전히 아주 두려운 곳이다.

왜 나를 괴롭히죠?

제안 : 사실상 십대들의 TV와 컴퓨터에 대한 중독을 통제하

거나 제한하는 것은 대단한 도전이다. 당신이 시도한다면, 그들은 그들이 빠져 나갈 모든 종류의 징징거림 전술을 사용하여 당신을 맹폭격할 것이다. 최선의 해결 방안은 "교환" 치료이다. 그들의 성적이 좋고, 행동까지 준수하다면 전혀 문제될 것은 없다. 성인용 유료 사이트를 방문하는 것만을 제외하고, 그들이 원할 때마다 TV를 보거나 인터넷을 사용하는 것은 괜찮다. 하지만 성적이 떨어진다면, 당신이 할 일은 그들의 성적이 좋아질 때까지 플러그를 뽑아 놓는 것이다. 행운을 빈다. 그리고 나를 믿어라. 그들은 반드시 플러그가 다시 필요할 것이다.

2. 숙제와 성적

> 대수학과 기하학 문제들보다
> 훨씬 더 어려운 문제들을 맞닥뜨리게 될 것이라는 것을,
> 고등학생들에게 납득시키는 일은 쉽지 않은 일이다.
> ― Edgar W. Howe

절 그만 괴롭히세요.

진단 : "숙제가 어렵고 끔찍해요"라는 징징거림은 이 세상의 첫 번째 고등학교가 신입생을 받았을 때부터 계속된 징징거림이다. 별나거나 특별한 사람이 아니라면 누구도 숙제를 좋아하지 않는다고, 당신의 평범한 십대는 말할 것이다. 십대들은 숙제를 하기 싫어하는 자신의 친구들과 함께 숙제에 관하여 징징거리는 것을 좋아한다. 그것이 숙제를 내주는 선생님들과 숙제를 하리라고 근거 없이 기대하는 부모들 같은 공통의 적들에 대항하여 뭉치는 그들만의 방식이다.

그 딴게 뭐 큰일이야!

제안 : 상황을 잘 견뎌내야만 한다. 이것 역시 시간이 지나면

사라질 것이다. 그들 자신이 좋아하는 과목이나 그들이 좋아하는 선생님을 찾게 되거나, 그런 때가 오면 마침내 그들 스스로 징징거리지 않게 될 것이다. 그 때까지, "차 열쇠" 치료제를 그들의 운전면허 숙제와 함께 인센티브로 줄 것을 추천한다. 당신의 십대들에게, 외출금지령을 내리는 것도 선택이 될 수 있다. 불행하게도, 이것은 때때로 그들에게보다는 당신 자신에게 더 큰 형벌이 될 수도 있다. 힘든 일이라는 것을 알지만, 절대 포기해서는 안 된다. 이것이 그들에게 숙제를 제대로 하지 않는 사람들에게 얼마나 끔찍한 일이 기다리고 있는지를 각인시키고, 동시에 좋은 성적을 얻는데 도움이 될 것이다.

3. 용돈

당신의 아이를 되찾고 싶다면, 용돈을 줄여라.
― Al Bernstein

난 거지같아.

진단 : 십대들에게 세상에서 돈의 의미와 그 가치를 가르치는 것은 대단히 어려운 일이다. 누구도 충분히 갖고 있지 않으며, 누구나 더 많은 돈이 필요하다는 사실을 말이다. 물질주의가 전 세계 문화를 지배하고, 게다가 이 젊은 사람들에게서 우스꽝스러운 욕구와 불필요한 갈망을 거듭 만들어 내고 있다. 돈을 갖는다는 것은, 곧 실망이 뒤따르기는 하지만 '과시욕'을 만들기도 한다. 한편 돈이 없다는 것은 모두가 알다시피 별로 재미있는 일은 아니다. 돈과 관련된 상당수의 징징거림은 십대들이 그들의 부모로부터 기대보다 더 적은 용돈을 받았을 때 생겨난다.

친구들은 모두 더 많은 용돈을 받아요.

제안 : 용돈에 대해 징징거리는 십대들을 위한 최고의 치료제는 "일 해라"이다. 일부는 이것이 잔인하고 이상한 처벌이라고 생각할 수도 있을 것이다. 그런 부류들은 주로 아이들이나 그들의 친구일 가능성이 높다. 반면, 관련된 모든 다른 사람들은 모두 화초에 지주를 세워 주는 것과 같은 것이라고 동의할 것이다. 이렇게 해도 상황이 별로 좋은 방향으로 변화되지 않는다면, 당신은 다음을 요구할 것을 염두에 두고 있어야 한다. "방세를 내라"고 말이다. 이것은 그들을 모욕하는 것이면서 동시에 그들에게 극명한 한 가지를 주지시키는 것이다. 당신의 집 안에서 당신의 규칙이 법이라는 것. 이는 십대들의 그 어떤 반항에 직면할 때도 가장 효과적인 대응책이기도 하다.

4. 귀가시간

> 십대들은 할 일이 없다고 투덜댄다.
> 그러나 나가면 밤을 새며 무언가를 한다.
> — Bob Phillips

빨리 들어오라는 말 좀 그만 ...

진단 : 통행금지가 십대들에게 필요하지만, 실제로 실행하는 것이 만만치는 않다. '말은 쉽고 행동은 어렵다' 는 옛말은 모험적이고 빠르게 성숙해지는 십대들에게 귀가시간을 지키도록 하는 것의 어려움에 대비하여 만들어졌는지 모른다. 적당한 시간에 당신의 아이들을 집으로 들이려고 최대한의 노력을 해야 한다. 가능한 한 빨리 그리고 가능한 한 자주 그렇게 하는 것이 당신의 의무이다. 그렇지 않으면 아이들이 늦게 집에 들어오는 그 시간만큼 서성이며 기다리다 인생을 허비하고, 또 지치게 될 것이다.

다른 애들은 안 그러는데 왜 나만!

제안 : 나는 첫째와 둘째 딸까지는 그들의 위치를 찾는 데에 항상 부지런했다. 그러나 셋째 아이가 그녀 스스로 밖에 나가기 충분한 나이가 됐을 즈음에는 난 너무 피곤해서 위치 추적을 더 이상 할 수 없었다. 해방감을 만끽하려는 십대들을 추적하는 것은 아이들을 걱정하는 부모들이 통달할 수 있는 분야가 결코 아니다. 그렇지만 휴대전화 기술의 출현과 함께, 근본적인 변화를 몰고 온 "휴대전화" 치료라는 것이 생겨났다. 그것은 부모들에게 제멋대로인 십대들의 위치를 추적할 수 있는 기회를 제공한다. 아이들에게 전화를 요청하거나, 전화를 하라고 해도 결코 답이 없는 아이들을 치료하기 위해서, 그들에게 다음을 일깨워 줘야 한다. GPS 기능이 달린 전화로 그들이 어디에서 어떤 경로로 움직이는지조차 알아낼 수 있다는 것을 말이다. 그들이 부모들 전화에 답하지 않을 근거가 사라지게 된다.

5. 운전

당신의 차를 당신이 낳은 누구에게도 빌려주지 마라.
— Erma Bombeck

그럼, 도대체 언제죠?

진단 : 운전은 십대들에게 통과의례이고, 그들의 부모에게는 보험적용 범위를 넓혀야 하는 확실한 이유이기도 하다. 모든 종류의 극적인 평계가 가능한, 징징거릴 수 있는 절호의 기회이기도 하다. 운전은 당신으로부터 십대들이 자유를 얻을 아주 큰 기회이다. 따라서 그들이 가진 모든 것을 이용하여, 그 자유를 획득하기 위해 대항할 것이다. 그들이 원하는 모든 것은 친구와 함께 탈출하고 여행을 통해서 그들의 부모로부터 벗어나는 일이다. 전쟁이 발발하며 패배자는 나오기 마련이다. 당신의 머리는 회색으로 변하고, 기진맥진한 당신은 결국 극도로 높은 책임보험료를 마주하게 될 것이다.

뭐 이 따위 고물이 있어!

제안 : 이러한 경우에 나는 "아버지가 운전을 가르치도록 해라"라는 치료법에 기댄다. 몇몇 일들은 아이들 아버지에 의해서 가장 잘 조정되기도 한다. 특별히 운전을 가르치는 것에 관해서는 아빠들이 훨씬 더 나은 선택으로 보인다. 특히 여자 아이들에게 더 잘 적용된다. 내 셋째와 넷째 딸은 하루에 세 대의 차를 들이받는 사고를 냈다. 다행이라고 해야 할지 모르지만, 그 네 대 중 두 대가 언니들의 차였다. 남자 아이들은 운전을 더 빠르게 배우는 것 같고, 최소한 그들은 당신이 그렇게 생각하도록은 만든다. 당신이 만족할 정도로 그들이 운전에 익숙해졌을 때 그리고 그들이 도로에서 안전할 때에도, 여전히 당신은 그들을 걱정할 것이다. 이런 때에는, 차라리 당신의 희끗희끗한 머리를 미용사에게 맡길 예약을 잡는 것이 최선이다.

6. 연애

경험을 위한 가장 좋은 대역은 십대가 되는 것이다.
— Raymond Duncan

언제쯤 내가 맘대로 할 수 있는 충분한 나이가 되죠?
진단 : 십대 아이가 연애를 하기 시작할 무렵, 당신에게 최악의 악몽들이 엄습할 것이다. 그들은 언제나 당신이 생각하는 적령기보다 항상 더 빨리 데이트를 시작하기 원한다. 그들은 전화 옆에서 그들의 진정한 사랑이 전화를 할 그 순간을 몇 시간이라도 기다리고 있을 것이다. 하지만 이것은 단지 비탄의 감정이 방문하기 바로 직전에 오는 열광적인 감정의 순환, 그 시작에 불과하다. 진실한 사랑은 찾기 힘들다는 것을 모두가 알지만, 십대들은 몇 번이고 되풀이해서 그리고 가능한 한 빨리 그것을 찾으려 든다. 바로 이 점이 극렬한 징징거림을 초래하는 진짜 이유이기도 하다.

이젠 또 뭐가 문제죠?

제안 : 난 "사랑하고 떠나기"라는 치료를 아이들에게 사용했다. 기본적으로 이것은 이렇게 진행된다. 아이가 그들의 새로운 사랑과의 관계가 좋다면, 나 역시 그들을 사랑한다. 그 반대의 경우라면, 바다 한 가운데서 차버리라며 내 아이들의 편에 서서 함께 울분을 토한다. 사실대로 말하자면, 당시 내 아이의 데이트 상대들 중 단 한 명도 내 마음에 들지 않았다. 부모에게는 아이들은 신체적으로는 충분히 성장했지만, 여전히 어리고 경험도 부족하게 보이는 것이 당연하다. 그 대상이 누구이건 간에 부모의 입장에서는, 이 아이들의 마음을 얻기에 충분히 순수하고, 충분히 좋은 사람이 있다고 생각하기는 쉽지 않은 일이다.

7. 인기

> 십대일 때가, 전화벨이 울릴 때
> 그것이 당신을 위한 전화라는 것을 알고
> 좋아할 수 있는 마지막 시기이다.
> — Fran Lebowitz

아무도 날 좋아하지 않아.
진단 : 십대들이 쏟아 내는 '인기가 없다'는 징징거림은 완전히 정상적으로 보일 만큼 너무 흔한 일이고, 그들 자신을 표현하는 그럴듯한 방식이다. 그것은 그들이 가장 민감하고 미묘한 시기, 즉 그들 또래 사이에서의 사회적 적합도가 중요한 이슈가 되는 정서적 발전단계에 있기 때문이다. 그들 세계에서 어떤 형태의 거절도 그들에게는 엄청난 고통이다. 특히 그것이 이성에게서 주어지는 거절이면 더더욱 그렇다. 당연히 그들은, 실제로는 그다지 존재하지 않는 특별한 그룹에의 "소속감"에 대하여, 그 특별한 그룹에 속해 있지 않는 "소외감"에 대하여 징징거릴 것이다. 그리고 그것이 존재하지 않는다는 것에 대해서도 결국은 징징거릴 것이다.

친구가 없어.

제안 : 십대들이 고등학교를 졸업한 후에는, 그들이 학교에서 얻은 인기는 정말 아무 것도 아니라는 것을 알려 주는 것은, 어떻게 인기를 얻을 수 있는지 그 방법을 가르치는 것만큼이나 쉽다. 나는 아이들에게 학교에서 인기를 얻는 방법으로 내가 오래 전에 사용했던 "미소 치료"가 아주 경이로울 정도로 잘 먹혔다는 것을 자주 상기시켰다. 나는 모두에게 미소를 짓곤 했다. 무슨 일이 벌어졌을까? 그들은 나에게 웃음으로 화답했다. 나는 나를 모르는 사람들에게조차 미소로 인사를 보냈다. 내가 누구이고 내가 그들을 어떻게 알았을까 그들이 의아해 하는 모습을 보는 것마저 즐거웠다. 미소는 대다수의 사람들이 인기와는 상관없이 기꺼이 받아들이는 전염성을 가지고 있다.

8. 몸무게

내 사춘기는 정상적으로 진행됐다:
일상적으로 자살 충동을 유지할 만큼 충분히 비참하게.
— Faye Moskowitz

난 너무 뚱뚱해.

진단 : 몸무게는 많은 십대 여학생과 일부 남학생들에게 심각한 징징거림의 이슈이다. 누구도 뚱뚱해지는 것을 좋아하지 않고, 자신의 몸무게에 대해 다른 사람들이 왈가왈부하는 것을 원하지 않는다. 내 의견으로 그것은 별로 즐거운 일이 아니며, 징징거림에 충분한 이유가 된다고 생각한다. 그러나 너무 과대 포장할 필요는 없다. 하지만 그 심정 나 또한 이해한다. 우리는 음식을 쳐다보고만 있어도 살이 찌는데, 어떤 사람들은 돼지같이 먹지만 절대로 살이 안찌는 것은 아주 불공평하다. 짜증 제대로다.

몸무게가 줄지를 않아요.

제안 : 어디에서 시작을 할지 모를 정도로 다이어트에 대한 많은 방법들이 있다. 내가 가장 좋아하는 치료법은 "현재의 네 모습을 나는 사랑한다"는 것이다. 처음에는 별로 반응하지 않는 것처럼 보이지만, 이것의 반복은 결국 장기적으로 당신의 십대 아이의 자부심을 크게 길러주게 될 것이다. 그들의 몸무게 문제에 대해서 아무 것도 하지 않으면서 계속 불평하는 아이들을 위해서는, 그들이 몸매나 정신적으로나 모두 존경하는 누군가와 경쟁하도록 격려를 해 보는 것도 방법이다. 아마 그들 우상의 완벽의 기준을 따라 잡기 위해 집중할 것이다. 혹시라도 오해할 부모가 있을 것 같아서 미리 말해 두는데, 그들의 우상이 당신이 되어서는 절대 안 된다.

9. 여드름과 피부

> 열네 살 때, 당신은 비극에는 죽음 또는 질병이
> 굳이 필요하지 않다는 것을 알게 된다.
> — Jessamyn West

진짜 불공평 해.

진단: 열두 살이 넘게 되면, 아이들을 둘러싼 모든 것이 변한다. 호르몬과 관련된 변화는 당신의 십대들을 매우 힘들게 할 것이다. 하지만 정서상의 변화는 부모인 당신에게 한층 더 악화된 상황을 몰고 올 것이다. 십대들의 기분 좋음 또는 침울함은 그들 또는 절망에 쌓인 당신의 통제력 하에 있지 않다. 피부의 상태보다 더 십대의 기분을 들었다 놓았다 하는 것은 없다는 것을 알게 될 것이다. 데이트를 앞둔 딸아이에게 여드름이라도 하나 난다면, 며칠 동안 집안에 곳곳에 칠흙같은 어둠이 드리울 것이다.

너무 못생겼어. 이게 다 엄마 탓이야.

제안 : 아이들에게 여드름이 번지는 동안 그들을 위해 상황을 안정시킬 것은 아무 것도 없다는 것을 받아들여라. 당신 잘못이다. 누구의 잘못도 아니다. 그것을 도울 수 있는 피부과 의사를 찾기를 추천한다. 더불어 "얼굴 표정이 아주 좋구나" 치료가 그들의 안색뿐만 아니라, 그들의 자존심을 세워주는 데에도 일견 도움이 된다. 행운을 빈다. 그리고 그들이 다시 웃는 것을 볼 때 알 수 있겠지만, 미용사나 의사에게 당신이 지불한 돈은 아주 잘 활용된 것임을 확인할 수 있을 것이다. 당신이 운이 있다면, 아마도 그들은 당신을 향해 웃을지도 모른다. 그러나 굳이 크게 기대할 일도 아니다.

10. 또래집단의 압력

청소년들은 동일한 고민을 안고 있다.
순응과 저항을 어떻게 동시에 할 것인가라는 문제다.
부모에게 도전하고 친구들과 닮아가면서
그들은 이 고민을 해결하고 있다.
― Quentin Crisp

남들은 다 그렇게 해요.

진단 : 십대들의 삶에서 그들에게 중요한 유일한 것은 그들의 친구 그리고 친구들이 말하고 행동하는 것이다. 징징거림은 그들의 친구와 별로 관계가 좋지 않을 때 벌어진다. 친구들이 자신에 대하여 생각하는 것이 그들의 존재에는 아주 중요하다. 만약 친구들이 생각하는 것이 부정적이라면, 십대들의 연약한 세상은 사막처럼 황폐해질 것이다. 그래서 십대는 관계를 흐트러뜨리지 않기 위해서 무엇이라도 하려 할 것이다. 또래 친구들로부터의 압력(peer pressure)은 조심스럽게 다뤄져야 한다. 당신이 그들의 친구를 얕잡아 낮춘다면, 아이가 당신에게 똑같이 할 것이다.

왜 나만 안 돼? 불공평해.

제안 : 최선의 충고는 십대를 "좋은 친구 사귀기" 치료 방향으로 이끌기 위해 노력하는 것이다. 당신이 일찍부터 당신의 아이에게서 보고 싶은 습관과 장점들을 가진 친구들을 자주 만날 수 있도록 충분히 노력했다면, 이 치료는 제대로 작동할 수 있을 것이다. 좋은 소식은 미래의 어느 날, 당신이 그들의 친구들 중 하나가 될 수도 있다는 점이다. 그런 일이 일어날 때까지 참고 기다려야 한다. 그들을 가둬두고 열쇠를 던져 버리는 것보다 쉽고 그리고 훨씬 안전할 것이다.

징징거리는 십대들에게 요모조모 유용한 최고의 처방

"벽보고 벌 서기 또는 외출 금지" 치료

이것은 시계의 발명만큼이나 오래된 준칙이다. 대다수의 사람들은 벌서기의 진행에 매우 정통하다. 옛날부터 아이들에게 주로 사용되는 방법이다. 원래 이것은 아이들이 스스로를 추스르고 다시 부모와 동료들과 함께 할 수 있을 때까지 침묵과 반성의 시간을 갖도록 하는 것이다.

   나는 개인적으로 아이들이 어렸을 때 아이들에게 벌서기를 전혀 시키지 않았다. 앞서 언급했던 바와 같이, 노르웨이의 'Ris-paa-rumpen' 치료를 자주 사용했기 때문에 아이들이 거의 징징대지 않았다. 하지만 그들이 십대가 됐을 때는 사정이 달랐다. 나는 쉼 없이 '벽보고 벌서기'를 시켰다. 다만 내용을 벌서기에서 외출 금지로 바꿔서 말이다. 나는 밤새 돌아다니는 딸아이를 30년 동안이나 외박을 금지한 적도 있다.

   내 딸과 나는 지금 모두 행복하게 회고한다. 30년은 빨리 지나간다고.

   한참이 흐른 후에, 30년간 외박을 하지 못했던 내 딸은 그녀의 쌍둥이 아이들에게 아주 효과적으로 벽보고 벌서기를 사용하고 있다. 그 벌에 사용된 시간의 총량은 그 아이들이 첫 번째 사고를 칠 때의 그들의 나이와 동등하게 시작된다. 그리고 과도한 징징거림이 이어질 때마다 시간은 늘어난다. 이렇게 시간이 흐르고 그 쌍둥이가 좀더 자라서 십대가 됐을 때 내 딸아이가 어떻게 아이들의 외출금지 시간을 계산할 것인지 너무 보고 싶다.

> 당신은 시인이 되기 위해서 굳이 고뇌할 필요가 없다.
> 청소년기는 누구에게나 충분히 고통스러운 시간이다.
> — *John Ciardi*

3장 부모

부모들의 징징거림 Top 10

1. 돈
2. 집안에서의 아이들
3. 집밖에서의 아이들
4. 일
5. 아이들의 다툼
6. 규율잡기
7. 아이들의 징징거림
8. 십대들의 운전
9. 아이의 친구들
10. 또래집단의 압력

내가 내 아이를 처음부터 다시 길러야 한다면,
나는 자부심을 먼저 기르고 집을 나중에 지을 것이다.
나는 손가락으로 그림을 더 많이 그리고 손가락질을 덜 했을 것이다.
나는 지적하기 보다는 좀더 통하려고 노력했을 것이다.
나는 좀더 많이 하이킹을 하고, 좀더 많은 연을 날렸을 것이다.
나는 심각한 놀이를 하는 것을 멈추고, 진지하게 놀이에 열중했을 것이다.
나는 다투기보다는 좀더 많이 포옹했을 것이다.
— *Diane Loomans*

부모 되기 : 결혼 이전의 당신보다 더 순종적이 되는 단계이다.
— *Marcelene Cox*

누구나 아이를 낳을 수는 있다.
그러나 부모가 되기 위해서 당신은 단지 생물학적인 재생산보다는 더 지난한 과정을 거쳐야만 한다. 오직 사람만이 실제로 목적 의식을 가지고 아이를 기르는 유일한 '종'이라는 것이 흥미롭지 않은가? 농담이지만 우리는 구피(관상용 열대어)만큼 영리하지 못하다. 적어도 그들은 그들의 새끼들을 먹어버릴 만큼 자식의 속썩임에 대해 충분히 알고 있다. 이와는 달리, 우리는 아이들이 우리를 갉아 먹도록 놔둔다.

부모와 징징거림은 아이와 인형처럼 항상 함께 다닌다. 어쨌거나 당신이 가족계획을 시작한 후에는 더 이상 휴식이나 해지조항은 존재하지 않는다. 당신이 기억상실증이나 치매 연기에 아주 능숙하지 않은 이상, 부모 노릇은 결근이 존재할 수 없는 전업이다.

이 일이 아니었다면 다른 무엇을 했을까? 당신은 좀더 금전적으로 여유가 있었을 것이다. 물론 좀더 많은 시간과 사생활은 보장됐을 것이다. 그렇지만 당신은 인류에게 알려진 바 가장 강력하게 징징거릴 수 있는 기회를 놓쳤을 것이다.

징징거림을 원한다면, 나에게 부모를 보내 봐라. 진짜 징징거리는 사람이 어떤 지를 보여 줄 수 있다. 많은 사람들이 내가 어버이라는 것은 인류에 가장 위대한 소임이라고 말하길 기대할 것이다. 하지만, 내가 그렇게 말한다면 아마 남편이 나를 정신병원에 보내 버릴 것이다.

1. 돈

> 모성 본능, 그 무한한 지혜는 우리 각자에게
> 재생산과 번식이라는 강한 생물학적 본능을 각인시켜 왔다;
> 어떠한 상황 하에서도, 이 모든 인류에게는
> 마음대로 쓸 수 있는 돈이 없다는 것을
> 납득시키는 습관이 모성 본능의 지혜다.
> — *Dave Barry*

난 돈이 더 필요해. 빈털터리야.

진단 : 부모들에게 돈이 충분한 때란 없다. 그래서 항상 돈 때문에 징징거린다. 이제 상황이 나아지고 있다고 생각하는 바로 그 때, 당신이 오랜 시간에 걸쳐서 만들어 놓은 노후 자금, 알량한 저금마저도 풍덩 써버릴 어떤 일이 항상 생겨나기 마련이다. 질병, 사고, 예정에 없던 차 수리나 집 수리 또는 심지어 쇼핑몰 24시간 세일에 빠진 아내에 의해서도 재정상의 응급상황이 닥쳐온다. 돈에 대한 징징거림은 부모노릇 하는 내내 따라붙는 가장 힘겨운 요소이다.

그 돈이 모두 어디로 사라졌어?

제안 : 나는 당신의 사후를 위해 "큰 보험 들기" 치료를 심각

하게 고려해 볼 것을 제안한다. 당장의 보상보다는 먼 미래를 보고 통 크게 행동할 필요가 있다. 아이들이 당신의 사후에 당신의 빚을 청산하고, 당신을 기리며 큰 파티를 열 수 있도록 말이다. 더 나은 것은, 온 가족이 살아 있는 당신을 위해 가족 크루즈 여행을 갈 수 있을지도 모른다. 다시 생각해 보니... 왜 기다려야 하나 싶다. 여행사에 오늘 전화를 해라. 그러나 먼저 한도초과에 걸리지 않은 신용카드를 찾아야 한다.

2. 집안에서의 아이들

> 사람 만이 자신을 갉아먹으려 하는 자식을
> 일부러 애써 갖는 유일한 동물이다—
> 관상용 열대어 구피는 그들의 새끼들을 먹어치운다.
> — P. J. O' Rourke

쟤들하고는 아무 것도 못하겠다.

진단 : 아담과 이브가 에덴동산에서 그들의 아이들에 대해서 문제를 가졌던 이래로, 부모들은 항상 아이들에 대해서 징징거린다. 아이들은 단지 거기에 있다는 이유만으로 부모들 세상의 중심이 된다. 그렇게 귀엽고, 한편으로 무기력한 아이들은 부모들을 애타게 하고 항상 걱정하게 만들면서 성장하는 법이다. 그리고 그들이 더 이상 아이들도 아니고, 무기력하지도 않고 그리고 더 이상 귀엽거나 사랑스럽지 않을 때까지도 이 법칙은 유효하게 계속된다. 이것은 바뀔 수도, 도움을 받을 수도, 멈출 수도 없는 부모들의 '특권' 이다.

아이들이 날 미치게 만든다.

제안 : 최선이자 가장 어려운 치료는 "놔둬라" 치료이다. 그들이 맘대로 하도록 지켜봐라. 일부 부모들에게 불간섭은 쉽지 않은 일이다. 부모-아이 관계와 양쪽 모두에게 치유할 수 없는 상처를 남기면서도 그들을 결코 서로를 그대로 두고 보지 않는다. 당신은 당신이 생각하는 아이들을 위한 최선의 것을 원하고, 아이들이 원하는 것은 아이들이 생각하는 그들 자신을 위한 최선의 것이라 할지라도, 이것은 명백하게 '어떻게 다룰 것인가의 문제' 이고 아이를 사랑하는 부모로서 극복해야만 하는 일이다. 이것은 전쟁이다. 승리하기 원한다면 전투를 하고 싸워야 한다. 당신이 당신의 아이들에 대해서 징징거려야 한다면, 오직 다른 부모들과 해야 한다. 그렇지 않으면, 다른 누구도 이해하거나 관심 갖지 않을 것이다.

3. 집밖에서의 아이들

> 아이들은 당신이 알고 싶어 안절부절 하며 죽을 것 같았던
> 그 때의 일들을, 몇 년 후에 당신에게 그냥 무심코 말할 것이다.
> — Mignon McLaughlin

별일 없어야 할텐데, 걱정이다.

진단 : 모든 부모들은 믿을만한 보호자가 아이들을 안전하게 감싸 안고 있느냐에 상관없이 아이들이 곁에 없을 때 항상 애달아하고 걱정한다. 특히 그들의 소재가 불분명할 때는 더더욱 그렇다. 아이들의 책임감과 성숙도가 어떻든, 또 아무 일 없이 약속한 시간에 돌아오리라는 확신의 정도와도 상관없이, 당신은 여전히 그들에 대해서 걱정을 접고 차분히 있을 수 없다. 이런 현상은 그들의 나이와도 아무 상관이 없는 세상 모든 부모의 영원한 근심거리다. 그렇긴 하지만 당신은 그것에 대해서 징징거리는 것을 멈추는 것이 더 좋은 선택이 될 것이다.

걱정돼서 잠을 잘 수가 없다.

제안 : 이런 경우에 대한 나의 충고는 "걱정하지 않는 척 하고 수면제 먹기" 치료이다. 할 필요도 없는 혼자 사서하는 걱정은 아이들과 자신을 불편하게 만들 뿐이다. 그들을 늦게까지 기다리는 것은 결코 좋은 선택이 아니다. 기다린다 한들, 그들이 별일 없이 안전하게 집에 왔는지를 도대체 어떻게 알 수 있겠는가? 보통의 부모들은, 아주 이른 아침 시간에 현관문이 살짝 은밀히 열리고 닫히기라도 하면, 수면제를 먹었더라도 잠을 뚫고 일어나게 되어 있다.

4. 일

당신은 평생 일할 수 있는 시간이 있다.
그러나 아이들은 오직 한때만 어리다.
— Jennie Gryzlak

시간이 너무 없어.

진단 : 오늘날의 경제 상황에서 살아남기 위해 두 가지 수입원이 필요한 대다수의 가족들에게, 일에 대해서 징징거리는 것은 단순한 일상의 한 풍경이다. 생활비와 어린 가족들을 위해 필요한 것들을 제공하는 것은 고된 일이다. 그리고 가족들의 나이가 점점 더 들어가면 더더욱 그렇다. 일에 대해서 징징거리는 것은 당신이 일하는 데에 쏟아 붓는 시간이 곧 당신이 아이들과 시간을 보낼 수 있는 시간이기 때문에 타당한 근거를 가지고 있기도 하다. 그러나 불행하게도, 당신이 징징거린다 한들, 당신이 그렇게 소망하는 그 행복한 시간을 조금이라도 돌려받지는 못할 것이다. 오히려 그 시간마저도 까먹을 것이다.

누군가는 돈을 벌어야 한다.

제안 : 그 "순간을 즐겨라" 치료가 가장 실용적이다. 당신의 아이들과 함께 있기 위해서 일을 그만 둘 수는 없다. 그렇다면 당신이 그 일을 하고 있을 때, 당신이 하는 일을 즐기는 것이 낫다. 함께 보내는 시간의 양이냐 질이냐의 문제이다. 제대로 잘하기만 한다면, 작은 것이 큰 역할을 할 수 있다. 아이들과 함께 있을 때, 그 시간만큼은 당신의 모든 것을 쏟아 부어라. 언제 그리고 얼마나 열악한 상황이라 할지라도. 당신이 확신을 가지고 또 운이 있다면, 그들은 어느 좋은 날 당신에게 그들이 가진 최고의 50~60% 정도는 돌려줌으로써 당신에게 보답할지도 모른다.

5. 아이들의 다툼

> 내 아이들이 거칠고 통제불가일 때,
> 난 나만의 안전한 울타리를 친다.
> 그들이 다 마쳤을 때, 나는 밖으로 기어 나온다.
> — Erma Bombeck

그만! 바로 지금 그만 둬!

진단 : 부모들은 아이들이 가족 구성원과 다투는 일이 그저 단순한 일상의 연장이라는 것을 결국은 깨닫게 된다. 이것은 아이들이 대단한 기쁨과 열정을 가지고 하는 그냥 그런 것이다. 큰 아이가 작은 아이를 놀리거나, 작은 아이가 큰 아이를 화나게 하거나 또는 당신 가족 구성원의 크기와 범위에 따라서 얼마든지 다양한 조합이 가능하다. 이것은 아이들의 야생적 본성이고 그들이 싸우고 뛰어노는 '가정 정글'의 법칙이다. 당신이 그것을 잘 조정하고 싶다면, 그것에 대해서 징징거리는 것은 당신이 그 싸움을 중재하는 것이 아니라, 그 싸움에 끼여들고 싶어하는 것처럼 보인다는 것을 명심하라.

내가 참견해서 정리해 줄까?

제안 : 내가 내 아이들 사이의 싸움을 조정하기 위해 사용했던 중 최고의 도구는 "재미있는 일에 동참하기" 치료이다. 아이들이 그들의 부모가 그들이 좋아하는 일에 함께 하기로 결정한다면, 즉시 모든 아이들이 하던 어떤 것이라도 그만둔다는 사실 때문이다. 단순히 지켜봐라: 당신이 그 싸움에 동참하길 원하느냐고 물었을 때, 그들은 그 싸움을 바로 당장 끝낼 것이다. 당신과 싸우고 싶거나 당신이 즐기는 모습을 보고 싶어하는 일은 그들에겐 절대 있을 수 없다. 아이들은 부모들과 함께 하는 지루함을 겪는 위험부담을 감수하기 보다는 스스로 그만두는 쪽을 택한다.

6. 규율잡기

> 아무리 침착하게 해결하려 노력한다 할지라도,
> 부모 노릇 하기는 결국 돌출 행동을 양산하게 될 것이다.
> 아이들을 두고 하는 말이 아니다.
> — Bill Cosby

당장 해, 아니면...

진단 : 아이들 규율 잡기는 당신이 부모로서 할 일 중에 가장 어려운 일의 하나이다. 항상 너무 많거나, 너무 잦거나, 너무 적거나 하는 딜레마가 있고, 아이들에게 걸맞은 만족스런 적정선을 찾는 것이 어렵다. 이것은 당신이 동원할 수 있는 모든 참을성과 당신이 가진 모든 지혜를 끌어 모아야 하는 엄청난 일이다. 물론 많은 재치도 함께 있어야 한다. 아이들은 기회가 있을 때마다 당신을 시험하려 들 것이다. 그들에게 그것은 적자생존의 문제이다. 그들이 대치 상태 중에 당신의 허점을 감지한다면, 그들은 정글의 전쟁 상태로 다시 되돌리려 들 것이다. 다음 도전의 기회가 올 때까지, 당신의 지배력을 차츰 약화시키면서 말이다. 아이 키우기는 가장 극적인 리얼리티 쇼이다.

내가 뭐라고 그랬지?

제안 : "내가 시키는 대로 해. 질문은 없다" 치료는 당신이 정말로 그것을 확신을 가지고 말한다는 것을 아이들에게 전달할 수 있다면 매우 효과적일 수 있다. 이때는 허풍에 그쳐서는 안 된다. 당신은 통제력을 가지고 있어야 한다. 사실, 아이들은 통제력을 갖는 것을 원하지 않는다. 아이들에게는 겁나는 일이기 때문이다. 하지만 그들은 당신이 그 두려움을 눈치채지 못하게 하려 들 것이다. 아이들은 실제로는 더 많은 무언가를 얻어 낼 수 있는 누군가가 아니라, 확실히 책임지는 사람, 바로 진짜 부모를 필요로 한다.

7. 아이들의 징징거림

> 뭐라도 투덜댈 것이 아무 것도 없다면,
> 세상은 너무 따분하고 지루하지 않을까?
> — W.S. Gilbert

징징대는 애들이 날 미치게 만든다.
진단 : 징징대는 아이들에 대한 부모들의 징징거림은 다른 사람들의 동정심을 얻기 위한 변변찮은 시도에 불과하다. 제 정신 가진 누구도 징징거리는 아이들을 기르는 사람들에 대해서 가엾게 생각하지 않기 때문에 별로 효과적이지도 않다. 다른 사람에 대한 아무런 배려 없이 세상에 전염성 높은 질병을 퍼뜨리는 것과 같다. 최선의 노력에도 불구하고 아이들은 당신이 그들에게 하라고 한 것이 아니라, 하지 말라고 한 것을 항상 하려고 한다. 그리고 당신이 징징거린다면, 그 작은 원숭이들도 역시 따라 할 것이다.

좀더 크게 징징거리게 해 줄까?

제안 : 아이들의 사소한 불평불만에 대해 당신이 징징거리게 될 때는 "잠깐, 너희들이 징징거리는 만큼 나도 똑같이 징징거리고 있다" 치료가 효과적이다. 부모가 아이들을 따라하는 것이 아니라, 아이들은 그들의 부모를 따라 하기 때문이다. 당신이 징징대기 때문에 아이들도 징징거린다면, 당신이 멈춘다면 그들도 따라서 멈출 가능성이 높다. 내 남편은 징징거리는 아이보다 더 징징거리려고 노력하기를 좋아했다. "너희가 할 수 있는 것은 내가 더 잘할 수 있다"의 내 남편 버전이다. 그것은 아주 성숙한 방식은 아니었지만, 확실히 남편 기분은 훨씬 나아지곤 했다. 그것은 우리 아이들을 항상 화나게 만들어서 남편이 이 비밀 병기를 사용할 때마다 그들은 징징거리는 것을 멈추곤 했다.

8. 십대들의 운전

> 아이는 힘이 넘친다.
> 부모는 방향을 조정해야만 한다.
> — Dr. Spock

열여섯은 아직 너무 어린 나이야.
진단 : 부모들은 아이들의 운전에 대해서 징징거린다. 사실 이 징징거림은 본질적으로는 우리들이 했던 것들에 대한 보복성 질책이라 할 수 있다. 갑자기, 부모들은 자신들이 어떤 운전자이었는지를 기억할 수밖에 없게 된다. 부모들이 십대 시절 했던 것과 한 치의 차이도 없이, 아이들도 똑같이 운전을 하기 위해 도로로 차를 끌고 나갈 때, 부모들의 징징거림은 더욱 배가 된다. 역사는 반복된다. 우리에게는 불행스럽지만, 이것은 어쩔 수 없고 그럴 수밖에 없는 징징거림이다.

그들이 어디 있는지 도대체 알 수가 없다.
제안 : 새로운 기술들이 논의의 장을 바꿔 버렸다. 결국은 상

황을 공평하게 만들고 있다. 지금 당신이 아이의 차에 GPS 위치추적 장치를 달지 않았다면, 당신은 아이들이 길거리에 뭘 흘리고 다니던지 책망할 자격이 없다. 아이들이 집에 돌아왔을 때, 당신은 이 기기로 아이들의 모든 움직임을 추적하고, 어디에 있었는지 기록을 쭉 훑어 볼 준비가 돼 있을 것이다. 이것이 우리 세대에게 부모들이 우리들이 진실을 말하기를 기다리며 써먹던 짧은 심문 수사에서의 낡은 거짓말 탐지기보다 훨씬 더 효과적이다. GPS 가격이 비싸다고 징징거릴 필요는 없다. 비싼 것은 사실이다. 그러나 정보화시대 부모들의 온전한 정신건강과 생존을 위해 필수품이다.

9. 아이의 친구들

> 유전은 부모와 아이들이
> 서로에 대하여 궁금해 하도록 만드는 것이다.
> — Laurence J. Peter

왜 너는 저런 친구들하고 친하니?

진단 : 부모의 입장에서, 아이의 친구들은 당신이 징징댈 수 있는 수백 가지의 이유들을 제공할 것이다. 항상 이런저런 온갖 것들이 존재한다. 그들의 옷차림, 그들이 말하는 것, 그들이 행동하는 방식, 그들이 시간 보내는 장소, 당신의 귀중한 아이들과 어울리는 이상한 사람들 또는 그들이 당신을 화나게 하기 위해서 하는 모든 것들에 대해 당신은 징징거릴 것이다. 당신을 화나게 하는 게 뭔지 도대체 그들이 어떻게 알 수가 있겠는가? 당신이 누군가를 좋아한다면, 당신의 아이들은 그를 좋아하지 않을 거라고 생각하는 편이 낫다. 그 반대의 경우도 마찬가지다. 이것은 분명하고 피할 수 없는 법칙이라 생각해라.

괜찮은 친구들 좀 없니?

제안 : 아이들의 친구들에 대해서 징징거리면서 자극하는 것을 치료할 유일한 방법은 "당신의 입을 테이프로 막기 또는 침묵의 맹세"이다. 다시 강조하는데, 결코 당신 아이가 함께 했으면 하는 좋은 친구를 보고 칭찬하지 마라. 반대로 당신이 탐탁치 않게 생각하는 아이들 친구들에 대해서도 절대 나쁜 이야기를 하지 마라. 둘 중 어느 방식이던, 죽음의 키스(유다의 배신)보다 더 좋지 않은 상황이 될 것이다. 특별히 그것이 부모로부터의 끔찍한 키스이기 때문이다. 유일하게 이것보다 더 좋지 않은 상황은 형제의 키스이다.

10. 또래집단의 압력

> 아이들은 선물보다,
> 당신이 함께 하는 것이 더 필요하다.
> — Jesse Jackson

친구들이 다리에서 뛰어내리면, 너도 뛰어 내릴래?
진단 : '친구들이 자신에 대해서 어떻게 생각하는지', 바로 그 점이 아이가 가장 중요하게 여기는 유일한 것이라는 사실을 깨닫게 되는 것은 부모로서는 참기 힘든 일이다. 아이들이 또래의 압력(peer pressure)에 휩쓸려 굴복하는 일들에 대해서 부모들이 징징거리는 것은 모든 부모들의 숙명이다. 왜냐하면 그것은 이미 원초적 본능에서 예견된 보편적인 불평에 다름 아니기 때문이다: 야생 동물들과 아이들은 그들이 무리에 속해 있을 때에만 안전하다고 느낀다. 이것이 때로는 비싼 대가를 치러야할 때도 있다. 친구들 모두가 가지고 있다며 당신의 아이가 새로운 것을 원할 때가 그렇다. 이제, 왜 다른 모든 부모가 항상 당신보다 많은 것을 가진 것처럼 보이는지 이해할 수 있을 것이다.

왜 너는 항상 다른 누군가처럼 되고 싶어하니?

제안 : 얼마나 바보스러운 질문인가? 그 답은 정말 간단하다. 그것이 그들의 '의무'이다. 그들은 또래들과 다르고 구별되는 위험을 감수할 수 없다. 그들이 자신의 정체성을 스스로 찾기 위해서, 또래들의 압력에 대해 '모방 증후군'을 "스스로 경험하고 스스로 극복하도록 놔 두는" 것이 가장 기본적인 치료이다. 이것을 말리려는 당신의 많은 노력에도 불구하고, 그들 모두가 겪고 살아남는 일종의 통과의례같은 것이다. 기억해라. 그들의 인성을 갉아먹는 것처럼 보이는 이런 복제 심리도 역시, 인형과 손가락 빨기처럼 시간이 해결해 줄 것이다.

징징거리는 부모들에게 요모조모 유용한 최고의 처방

"하이브리드 자동차" 치료

우리 부부는 의도하지 않게 환경을 위해 옳은 일을 했다. 그러나 그것이 아이들에게 그렇게 신선하게 다가갈 것이라고는 전혀 예상하지 못했었다. 우리가 하이브리드(Hybrid) 차를 샀을 때, 아이들의 우리 부부에 대한 호응도는 천장을 뚫고 나갈 정도로 높아졌다. 아이들은 우리가 그렇게 자유롭고 환경 친화적인 선도자가 된 것을 전혀 믿을 수 없어 했다. 그들은 우리가 그렇게 세상 물정에 밝고 환경적으로 최첨단의 길을 걷고 있다는 사실에 충격을 받았다.

사실을 털어놓자면, 나와 내 남편은 지나친 쇼핑중독에 빠져 있었다고 할 수 있다. 우리는 새로운 물건, 특히 자동차 이런 것들에 있어서 우리 동네에서 제일 처음 사는 것에 대단한 매력을 느낀다. 이런 우리를 두고 아이들은 즉석만족세대(Instant Gratification Generation)라고 부른다. 아이들이 더 어렸을 때, 우리는 최초로 나온 미아타(Miata, 마쯔다 브랜드) 중 하나를 구매했다. 아주 충동적이고 멍청한 구매행위였다. 그 작은 컨버터블은 우리의 뚱뚱한 엉덩이를 겨우 집어넣을 수 있었고, 짐을 실을 공간도 없고, 내 거대한 백을 위한 편의시설도 없었다. 끔찍할 정도로 불편했다.

우리의 지나친 쇼핑중독 때문에, 우리는 하이브리드 차 위에 쓰러졌다. 다만, 그것은 미아타보다 훨씬 더 긍정적인 역할을 해냈다는 점이 다르다. 기름값에 대한 징징거림을 막을 수 있었고, 우리는 카풀 레인(Carpool Lane)에서 우리 아이들과 동료들에게 아주 으쓱한 표정으로 운전하며 갈 수 있게 됐다. 아무도 크게 신경 쓰지 않았지만, 어쨌거나 우리는 관중들의 시선 속에 머물 수 있게 되었다. 아니 지금 우리는 두 개의 하이브리드 차를 가지고 있기에 관중들의 시선을 위에서 누리고 있는 셈이다.

나는 여전히 내가 꿈꾸던 차, 바로 1995년형 재규어 XJS를 유지하고 있다. 내 꿈의 파란색 컨버터블을 난 절대로 팔지 않을 것이다. 난 아주 가슴 아픈 방식으로 왜 내 꿈의 자동차를 팔지 말아야 하는지 깨달았다. 아이들 통학을 위해서 스테이션 왜건(Station Wagen)을 사기 위해서 1965년 형 머스탱 컨버터블을 팔고 난 후에 얻은 깨달음이다. 아직은 환경에 대한 관심이 덜 한 내 손자들은 나만큼이나 내 꿈의 자동차 재규어를 좋아한다. 아주 맑은 캘리포니아의 날씨를 이용해 손자들과 함께 몰래 빠져나가서 차 지붕을 열어놓은 채로 달린다. 아이들은 '할머니와의 항해'를 즐긴다.

최근의 내 라디오 프로그램에서, 혼다의 FCX Clarity 하이

드로진 자동차 담당자와 인터뷰할 기회가 있었다. 이것은 배출가스가 전혀 없는 미래의 자동차와 함께 하는 놀라운 여행이었다. 이제 내 미래의 새로운 꿈의 자동차가 생겼다.

우리 부부와는 달리, 우리 아이들 중 누구도 아직 하이브리드 차를 사지 않았다. 내 예상으로는 아이들이 우리가 FCX 대기자 목록에 빨리 이름을 올렸으면 바라는 것 같다. 그리곤 오래된 하이브리드를 넘겨 받을 생각인 것처럼 보인다. 특별히 그 중에서도 시효가 이미 지난 카풀 레인 스티커가 붙여진 그 자동차를 말이다.

우연이기는 하지만, 어쨌거나 환경친화적인 부모를 갖는 것은 대단한 일 아니겠는가?

4장 부부들

부부들의 징징거림 Top 10

1. 돈
2. 직업
3. 배우자 (1단계)
4. 배우자 (2단계)
5. 시댁/처가 사람들
6. 집안일 나누기
7. 파티와 이벤트
8. 낭만의 상실
9. 옷장
10. 집안 소품들

귀를 뚫은 남자는 결혼에 대해 좀더 잘 준비된 사람이다.
그들은 고통도 경험해 보고, 보석도 사본 적이 있다.
― Rita Rudner

결혼 전에, 남자는 낮은 자세로 당신에게 봉사할 것이라고 선언한다.
결혼 후에, 그는 당신과 대화하기 위해
보던 신문을 낮게 내려놓는 일조차 하지 않는다.
― Helen Rowland

내 옆에 든든히 서서 평생 동안 많은 고난과 시련을 함께 할 누군가와 끝내 한 팀을 이룬다는 것은 대단하지 않은가? 하지만, 때때로 현실은 그런 특별한 시도와 고난을 함께 할 사람을 결코 만나지 못한다는 데에 있다. 결혼은 헌신을 통해 성공과 보람을 느낄 수 있다. 하지만 보통의 경우는 제정신이 아닐 때, 눈에 콩깍지가 씌었을 때 저질러지는 경우가 많다.

나를 피곤하게 하는 연인들의 유행 중의 하나는 언약 반지이다. 그것은 소망과 현실의 경계를 넘나드는 순진하고 우유부단한 커플들에게는 아주 제격이다. 그러나 그들은 그들이 서로에게 맞는 짝인지, 서로를 위해 최선을 다해 헌신하기를 원하는지 아직 모르는 채 반지에 매달린다. 또 다른 한 가지는 성대한 결혼식을 계획하기 위해서 사는 것 같은 엄마들의 역겨운 전염병이다.

내 생각에 결혼서약을 한 후에 부부가 되면서 가장 어려운 부분은 관계가 철저히 바뀐다는 점이다. 당신은 당신의 하나뿐인 사랑이자, 최고의 친구인 사람과 사랑에 빠지고 잠자리에 든다. 그랬던 그 한 사람이, 어느 날 깨어보면 당신은 가장 가까운 친척과 자고 있다는 것을 깨닫게 된다는 점이다. 더군다나 그는 코까지 곤다.

1. 돈

> 결혼은 꽃가게 주인이 벌던 돈을
> 식료품점 주인이 벌게 하는 과정이다.
> — Francis Rodman

돈이 더 필요해! 그 돈으론 뭘 한거야?
진단 : 돈의 부족은 젊거나 늙었거나, 비슷하게 모든 부부들이 공유하는 공통적인 징징거림의 주제 중 하나이다. 돈이 충분할 일은 있을 수 없는 일 같다. 집안을 꾸미고 부부가 잘 먹고 건강하게 잘 즐기며 사는 데에 필요한 돈이 충분할 가능성은 지구상에는 존재하지 않는 것 같다. 그것은 부부가 함께 살기 시작한 이래로 지속된 문제이며, 또한 계속 늘고 있는 맞벌이 부부에게서도 별반 다르지 않는 상황이다. 언제나 돈은 모자란다.

우리는 여전히 여유가 없다.
제안 : 이런 상황에 대처하는 유일한 방법은 "신용카드 자르

기" 치료이다. 이 치료는 당신의 재정을 관리하기 위해서이지만 잔인할 수도 있다. 하지만 분명한 점은 '현금만 사용하기' 정책은 너무 간단하고 명백하게 효과적인 지출 조절 방식이다: 현금이 떨어지면, 당신은 지출을 멈춘다. 이것은 '즉석만족세대'에게 아주 인기 있는 처방은 아닐 것이다. 사실, 부부가 동시에 동일한 이유로 신용카드를 없애는 것에 동의하지 않는 경우 신용카드를 자르는 것은 당신의 건강과 결혼생활에 위험이 될 수도 있다. 이혼전문 변호사들은 그 사실을 잘 알고 있다.

2. 직업

> 많은 결혼들이
> 주로 사업가와 가정부간의 단순한 근로 제휴에 불과하다.
> — Mignon McLaughlin

난 내 직업이 싫어!

진단 : 완벽한 금전적 보상이 따르는 완벽한 직업을 갖는 것은 기적이나 다름 없다. 기적의 혜택을 받지 못한 우리 나머지들은 덜 이상적인 직업에 대하여 징징거리도록 남겨진다. 직업은 다수가 맞벌이 부부인 현재의 상황에서 훨씬 더 큰 문제가 됐다. 물론, 모든 사람의 직업에 대한 주요 불평은 그들의 노동에 대한 보상이 전혀 충분하지 않다는 내용이다. 맞벌이 부부일 경우 그 문제는 두 배가 된다. 당신이 싫어하는 일을 하러 가는 것은 쉬운 일이 아니다. 슬프게도, 직장에서의 불만족은 대다수에게 삶의 일부라는 사실이다.

왜 우리는 이렇게 죽도록 일만 해야 하나?

제안 : "사장되기" 치료는 이상적인 답변이지만, 실천하기가 어려운 것도 사실이다. 당신이 자신의 사업을 시작할 수 없다면, 당신이 좋아하는 어떤 일의 시간제 직업이라도 우선 시작해라. 당신의 열정을 먼저 찾으려고 노력해라. 그것이 무엇이건 상관없이 말이다. 성, 마약 또는 로큰롤을 말하는 것은 아니다. 이것들은 단순한 탈출구에 불과하다. 내가 제시하는 것은 현실에 바탕을 둔, 영혼을 채우는 치료이다. 스스로 좋아하는 것을 하고 있거나, 좋아하지 않으면서 의미 없이 다른 누군가를 위해서 일하는 것이 아닌 당신 자신의 활력을 가지고 일을 하는 것이라면—그것이 당신을 부자로 만들지는 않을지라도—당신 자신을 행복하게 만들 것이다.

3. 배우자 (1단계)

> 결혼은 창문을 열고는 잠을 못 이루는 여자와,
> 창문을 닫고는 잠을 못 이루는 남자들에 의해서 시작된 동맹이다.
> — George Bernard Shaw

그/그녀는 날 미치게 만든다.

진단 : 상대방에 대하여 징징거리는 것은 대다수의 결혼생활에서 흔하고 오래된 의식이다. 모든 결혼에서 거의 피할 수 없는 부분이고, 많은 이들은 그것을 건강한 생활의 일부라고 간주한다. 많은 사람들이 당신이 배우자에 대해서 갖고 있는 것과 똑같은 문제들을 가지고 있기 때문에, 당신의 배우자에 대해서 친구들에게 징징거리는 것은 아주 쉬운 일이다. 그리고 그 징징거림의 최고의 버전이자 가장 빈번하게 등장하는 것은, 배우자가 자신을 화나게 하는 아주 독창적인 방법들을 틈만 나면 개발해 내고 있다는 것이다.

그는 집에서 손도 까딱하지 않는다.

제안 : "부부상담 클리닉" 치료가 배우자의 징징거림을 다루기에 가장 효과적인 방법이다. 많은 부부들이 상담을 갈 여유가 없다며 고개를 흔들 것이다. 좋다, 안 가고는 못 배길 이유가 여기 있다. 당신이 힘들게 번 돈을 당신이 선택한 상담사에게 주는 것이, 당신의 돈을 쑥 빨아들일 당신의 배우자가 선택한 이혼소송 변호사에게 주는 것보다 훨씬 나을 것이기 때문이다.

4. 배우자 (2단계)

> 나는 무척 결혼하고 싶다.
> 남은 평생 동안 약 오르게 할 특별한 한 사람을 찾는다는 것은
> 진짜 신나는 일이다.
> — Rita Rudner

그는 멍충이다. 그녀는 바보다.

진단 : 부부들이 엄청나게 징징거릴 때, 그 중 대다수는 남자와 여자라는 '품종'의 차이에서 비롯된 것들이 많다. 남자와 여자는 서로의 그것과 정확히 반대되는 삶에 대한 그들 자신만의 본능적인 접근 방법들을 가지고 있다. 또한 당신은 누군가가 불행하지 않다면 결코 행복하지 않은 사람이 있다는 현실을 직시할 수 있어야 한다. 그들은 기본적으로 의견 불일치를 좋아한다. 일반적으로 이런 종류의 사람들은 주로 동일한 부류의 사람에게 끌린다. 그들이 살아가는 이유이다.

이성적으로 당신과 대화가 안 된다.

제안 : "동의할 수 없다는 데에 동의하기" 치료는 작은 인식

의 차이에 관해서조차 논쟁하는 것을 도저히 멈출 수 없는 몇몇 부부들에게 효과적인 유일한 방법이다. 의견 불일치에 대해서 동의할 수 없다면, 서로 남은 인생 동안 논쟁하면서 시간을 보내게 될 것이다. 이미 언급했듯이, 각자의 관계에서 자기학대의 피학적 만족을 즐기는 사람―의견 불일치를 좋아하는 사람―들이 분명히 존재한다. 그러나 당신 자신이 이런 종류의 관계를 즐기는 타입이라 생각된다면, 굳이 항상 작은 모든 것들에 큰 분란을 일으키는 것 보다는, 조용히 사는 법을 배우거나 아주 조용히 지구를 떠나라.

5. 시댁/처가 사람들

> 장모/시어머니 : 자신의 일부를 사위/며느리에게 줌으로써
> 그들의 평화를 파괴하는 여성.
> — January Jones

난 도저히 장모/시어머니를 배겨낼 수가 없다.
진단 : 대다수 가정의 불만이 그렇듯이, 법적인 친족관계에 대한 징징거림은 아마도 에덴동산의 첫 번째 결혼에서부터 시작됐을 것이다; 그렇지만 이것에 대해서, 그들 부부는 딸이 없고 아들만 둘이 있었던 점이 나에게는 논리적으로 아직 풀지 못한 문제이기도 하다. 어떤 경우에라도, 법적인 친족 간 불평은 장모/시어머니에만 국한되지 않는다. 차고 넘칠 정도로 많다. 장인/시아버지, 형제, 손자들, 이모, 삼촌 등 누구 하나 빠지지 않게 힘겨운 대상들이다. 장인 장모/시부모와 며느리/사위들 사이의 난처한 상황에서 수습책을 마련하기는 쉽지 않은 일이다. 특별히 당신이 나처럼 '좋은 뜻으로 하는 건데' 라는 생각을 가진 별종의 장모들 중 하나라면 더더욱 그렇다.

자기 자신들 일이나 신경 쓰시라고 할 수 없나?

제안 : "무시하고 내 일에 집중하기" 치료가 유일한 방법이다. 때때로 잔인할 수도 있으나 필요하다. 하지만 이 방법을 사용할 때에 공짜 아이 돌보기 기회를 차 버리는 희생을 감수하면서도 할 수 있는지 자문해야 한다. 이 치료는 미래에 당신이 건너야 할 다리를 스스로 불태우는 치료가 될 수도 있으니 조심해야 한다. 아이를 돌 볼 사람이 없어서, 당신의 토요일 밤의 열망이 토요일 밤의 침묵으로 변하는 경우들이 생길 수도 있다는 것을 명심해라.

6. 집안일 나누기

> 나는 공산주의자와 결혼해 보고, 독재자와도 결혼해 봤다.
> 그들 중 누구도 쓰레기 버리는 일은 하지 않더라.
> — Lee Grant

손도 까닥하지 않아!

진단 : 맞벌이 부부에게 가사 노동의 분배는 현대의 결혼 또는 동거에서 가장 난해한 과제 중 하나이다. 꿀을 찾아 쉼 없이 일하는 두 일벌들에게 집안일을 할 시간은 도저히 잡을 수 없는 신기루 같다. 특히 전업 가정주부들에게는 더더욱 화가 나는 일이기도 하다. 함께 일하는 동반자라기보다, 시간제 급여를 받는 가정부처럼 취급 받는 일이 종종 있기 때문이다. 상대방의 가사노동 분담 의지의 부족과 성의없음에 대한 징징거림은 불가피하고 필연적이지만, 또한 상대가 열심히 일하는 것에 대해서 전혀 존중받지 못하고 있다는 억울함을 느끼게 할 수도 있다. 그런 생각들은 또 다른 분노로 이어지고 더 큰 징징거림을 유발시키곤 한다.

왜 내가 모든 것을 해야 하지!

제안 : "모두가 놀거나 쉬고 있기 전까지는 누구도 놀거나 쉬지 않는다" 치료가 효과적이다. 이것은 '일감 나누기' 라고 잘 알려져 있는 방법이다. 매우 간단하게, 당신은 당신 몫을 해야 한다. 그렇지 않으면 당신 둘 모두 아주 오랫동안 가련한 생을 보낼 것이다. 결혼생활을 하면서, 이것은 끝나지 않는 고통이 될 수도 있다.

7. 파티와 이벤트

좋은 와인처럼, 결혼생활은 나이가 들수록 더 좋아질 것이다.
당신이 결혼생활에서 코르크를 막는 법을 배운다면.
— *Gene Perret*

당신 가족들과 함께 있는 게 싫다.

진단 : 부부가 가족파티나 이벤트를 치루는 것은 아주 행복한 일이거나 재앙이거나 둘 중 하나가 되기 쉽다. 모든 것은 그 부부의 마음가짐과 최선을 다하려는 의지에 달려 있다. 당신이 우리에게 가정과 살림의 소중함을 안겨준 '가정 살림의 최고 권위자' 마사 스튜어트(Martha Stewart, 살림 센스를 제공하는 TV프로그램 진행자)의 복제인간이 아니라면, 도움 없이 홀로 가족들이 즐길 수 있도록 도맡아 하는 일은 쉽지 않다. 즐기기 위한 것이지만 마지못해 의무적으로 하는 것은 정말 불쾌한 경험의 연속이 될 수 있다. 더욱이 가족 모두가 반드시 참여해야 하는 강제적인 훈련 같은 것이 되어서는 폭력이 될 수도 있는 것이다.

이런 일도 내가 혼자 다 해야 돼?

제안 : "즐기거나 아예 그만두거나" 치료가 이 상황에서 가장 즐겨 쓰는 방법이다. 이 치료는 같은 관심사를 갖고 모두가 주인처럼 참여할 때 효과를 발휘한다. 사실 파티 참여자들이나 그룹들이 함께 즐기는 것 말고 또 다른 관심사를 가지고 행사를 주최하진 않는다. 당신이 이런 것들을 부부로서 즐길 수 없다면, 누군가를 특히 시댁이나 처가의 사람들을 감동시키려는 파티나 행사를 주관하는 것은 당분간 중지해라. 그러나 현명한 균형감각이 필요하다: 내가 아는 한 커플은 결혼하자마자 시작된 첫 행사부터 하지 않기로 결심했고, 파티없는 기간은 그들의 결혼생활보다 더 오래 이어졌다.

8. 낭만의 상실

> 소녀가 결혼할 때,
> 그녀는 다수의 관심과 한 사람의 무관심을 맞바꾼다.
> — Helen Powland

난 너무 지쳤다.

진단 : 다수의 부부관계에서 낭만의 상실은 시간과 에너지의 부족 또는 자극의 부족에서 기인한다. 바쁜 현대인에게는 부부관계는 말할 것도 없고, 낭만적 여유를 누릴 시간이 전혀 충분치 못하다. 에너지 부족은 둘 중 하나는 거의 항상 녹초가 되어 있다는 점에서, 항상 반복되는 낡은 과정들은 어느새 전혀 낭만적이지 않은 허드렛일처럼 돼버리고 말았다는 점에서 신선한 자극은 꿈같은 일이 돼버리고 말았다. 커플들은 낭만과 성에 있어서 마치 상대를 피다만 꽃봉오리처럼 놔둔 채 중도에 단념하면서 자기만족적이 될 수 있다. 또한 상대가 뭘 할지 모르는 것과 상대가 해야 할지 말아야 할지 고민 하는 것을 헷갈리기도 한다.

머리 아파, 하지마...

제안 : "마음껏 즐기기" 치료는 당신의 낭만적이고 성적인 관계를 동시에 향상시켜 줄 수 있다. 이전에는 전혀 해 보지 않았던 것을 해야 한다. 무엇이라도 상관없다. 시간, 장소 등 아주 작은 것에서부터 육체적인 관계를 위한 장난감이나 다른 혁신적인 것들까지도 괜찮다. 파트너를 바꾸는 것만 아니라면 어떤 것이라도 괜찮다. 파트너를 바꾸는 것도 다소 흥미롭기는 하겠지만, 매우 값비싼 대가를 치러야 할 것이다.

9. 옷장

> 우리 결혼은 옷장 공간을 제외하고는
> 거의 50대 50의 비율을 서로가 차지하고 있다.
> — *Gene Perret*

당신 물건들이 내 자리에 와 있어.

진단 : 부부가 서로 무엇을 나누어야 할 때, 다소 이기적이고 교활한 부분들이 존재한다. 옷장 공간이 그렇다. 불행하게도, 남자와 여자 모두를 아주 편하게 만들어 줄 수 있는 옷장이 지구상에는 존재하지 않는다. 이것은 대다수의 사람들, 특히 갓 결혼한 사람들이 잘 알지 못하는 자연의 법칙의 하나이다. 이 법은 세상이 만들어졌을 때부터 효력을 발생하기 시작했다; 아니, 실제로는 이브가 에덴동산에 도착하자마자 생겨났을 것이다; 그녀는 아담에게 자신이 좀더 많은 공간이 지금 당장 필요하니, 그의 무화과잎들을 그의 나무 집 옷장에서 모두 치우라고 말했었다. 왜 그녀는 아담과도 별 차이가 없는 밋밋한 의상에도 불구하고 이렇게 더 넓은 공간이 필요했을까? 물론 그것은 그녀가 여자이기 때문이다.

신발이 도대체 얼마나 더 필요한거야?

제안 : "분리된 옷장" 치료가 대다수의 커플들을 위한 방법, 아니 유일한 방법이다. 그것만이 배우자들 중 누구에게도 무슨 일이 상대 배우자의 옷장에서 벌어지고 있는지에 알 수 없도록 만드는 유일한 방법이다. 어떤 것은 나누지 않는 것이 부부 사이의 예의이고, 옷장이 단연코 그 중 하나이다. 만약에 옷장을 나눌 공간이 부족하다면, 최소한 공통의 옷장을 서로 다른 시간에 사용하려고 노력해라. 그것은 최소한 당신의 배우자가 일하러 나가는 동안 또는 시간이 촉박한 일정을 준비할 때 서로 징징대지 않을 수 있는 우회로를 만들어 줄 것이다.

10. 집안 소품들

여성은 남성보다 현명하다.
그들은 덜 알고 더 깊이 이해하기 때문이다.
― James Thurber

내 아내는 베개들을 만지지도 못하게 한다.
진단 : 집안의 소소한 소품들의 유무, 많고 적음 그리고 그것들의 제자리 놓기는 부부간에 징징거림의 주요 주제이자 대상이다. 우리 부부의 경우 이 징징거림의 대표적 희생물이 베개이다. 많은 남자들이 베개들을 바닥에 던져 놓는 것을 좋아하는 반면, 여자들은 그 베개들을, 아주 많은 베개들을, 침대위에 올려놓는 것을 좋아하기 때문이다. 어떤 남자들도 밤에 바닥에 던져 두었다가 아침에 다시 침대에 올려놓는 일을 해서는 안 된다. 그걸 제대로 제자리로 올려놓을 수 있는 남자는 지구상에 존재하지 않기 때문이다. 그들이 얼마나 노력하던지, 그들의 존경하는 아내들이 만족할 만한 적절한 자리를 찾을 순 없다. 비단 베개 뿐이겠는가? 집안의 모든 물건들이 베개의 운명과 같은 길을 간다. 그저 단순의 삶의 일부이고 일상이다.

왜 이렇게 많은 베개를 가지고 있어야 하지?

제안 : "여덟 개의 베게" 치료가 내 남편이 지난 수년 간 개발해 온 방법이다. 이것은 내 남편이 그가 아는 모든 남자들에게 그들의 침대에는 모두 몇 개의 베개들이 있고, 또 그들이 베개를 만지도록 아내가 허용하는지에 대해서 묻고 나서 얻게 된 결론이다. 대다수는 이 질문에 대답하기 위해 그들의 아내에게 물어봐야 했다고 한다. 그러나 두 번째 질문인 베개를 만지도록 아내가 허용하는지는, 남편들 스스로가 굳이 아내들에게 물어보지 않아도 대답을 알고 있었다. 내 남편의 조사 후에, 우리 부부는 여덟 개 정도의 베개라면 남자들을 미치게 만들 정도로 너무 많지도 않고, 아내들이 침대가 정돈이 안 됐거나 불편하거나 변변찮게 느낄 정도로는 적지 않다고 결론내렸다.

징징거리는 부부들에게 요모조모 유용한 최고의 처방

"메아리 효과 또는 되돌려주기" 치료

이것은 이혼이나 폭력의 충분한 동기가 될 수 있기 때문에, 일부 부부들에게는 효과적이지 않을 수도 있지만 흥미로운 치료법이다. 당신보다 아주 작거나 아이들에게 잘 적용될 것이다. 메아리 효과 또는 되돌려주기 치료로 알려진 이것은, 당신에게 징징거리는 사람이 말하는 모든 것을 그대로 재연하는 간단한 과정이다. 동일한 어휘, 운율 그리고 톤을 유지해서 사용해야만 한다. 그 결과에 당신은 놀라지 않을 수 없을 것이다. 징징거리는 사람에게 그대로 똑같은 언어로 되돌려줌으로써, 당신은 그 징징거리는 사람을 점차 무장해제 시킬 수 있게 된다.

  이런 재연은 징징거리는 사람을 화나게 만들 수 있지만, 그것은 또한 그 상황의 바보스러움에 대해서 그들이 깨닫도록 도와주는 것이다. 이런 과정들이 재미있게 진행된다면, 그것은 서로의 유대감을 점점 키우는데 도움이 되는 웃음까지 만들어 낼 수 있다. 최근에 내 라디오 쇼에서, 나는 웃음에 관한 전문가와 인터뷰를 했다. 내 자료를 모아놓은 사이트인 www.januaryjones.com에 방문하면 세계의 웃음과 웃음 요가에 대해서 자세하게 배울 수 있다.

간단한 경고를 하나 주자면, "되돌려주기" 치료는 조심스럽게 사용되지 않는다면, 한 명이 아닌 두 명의 징징이를 만들어 내는 역효과를 낼 수도 있다는 점이다.

5장 솔로들

솔로들의 징징거림 Top 10

1. 돈
2. 연애
3. 직업
4. 청구서
5. 생활비
6. 몸무게
7. 헤어스타일
8. 소개팅
9. 잠 부족과 피곤함
10. 지루함

좋은 남자를 찾는 것보다 쉬운 것들이 인생에는 존재한다.
예컨대, 젤리를 나무에 박는 것과 같은 일이 그런 것이다.
— *Single Women Everywhere*

어떻게 해서라도, 홀로 있을 시간을 만들어라.
— *George Herbert*

징징거리는 아이들과 함께 꽉 막힌 도로에서 차안에 갇혀 있어보기 전까지 또는 일주일에 세 번씩이나 Chuck E. Cheese(아이들 놀이공간이 마련된 체인점)에서 똑같은 음식을 먹어야 하기 전까지, 당신은 솔로라는 것의 경이로움에 감사할 수 없을지도 모른다. 실제로 결혼한 사람들의 불평꺼리와는 비교조차 할 수 없는 작은 것들임에도 불구하고, 솔로들은 종종 자신들이 징징거릴 타당한 이유들이 존재한다고 생각한다.

예를 들면 솔로들이 나이 들고 홀로 되는 것에 대해서 징징거릴 때, 나는 보통 애완동물, 그것도 여러 마리를 길러보기를 제안하곤 한다. 인생의 동반자로서 사람보다 애완동물을 선택하는 많은 현명한 사람들을 볼 수 있다. 당신이 그들을 정기적으로 먹여주는 한, 애완동물들은 언제나 당신을 보고 기뻐하고, 그들은 말대꾸도 않고, 항상 그들이 필요한 그 자리에 당신을 위해 있을 것이다.

진보된 현대사회에서의 홀로서기는, 많은 젊은이들이 스스로를 삶의 무게에 짓눌리는 대신, 더 오랫동안 즐기고 자유롭게 즐기는 것이 좋다는 것을 깨닫게 됨에 따라 점점 증가하고 있다. 당신이 이런 현상에 동참하여 솔로의 삶을 유지하고 있다면, 솔로의 삶에 대한 반대에 대처하는 방법을 알아야 할 것이다. 당신의 가족 모두로부터 몰려올 종류가 하나 있고, 자신들보다 당신이 더 똑똑하다는 것을 이해할 수 없는 친구들로부터의 반대가 또한 존재한다.

1. 돈

> 나는 백만장자들에 반대한다,
> 하지만 그건 내 처지를 말하게 되는 위험한 일이다.
> — Mark Twain

언제나 모자라!

진단: 대다수의 솔로들은 그들의 생활방식을 유지하기 위해서 절박하게 더 많은 돈이 필요하다. 인생의 짐을 함께 나눌 사람이 없는 솔로들에게 집세, 자동차 할부, 전기세, 옷, 음식, 유흥, 데이트 비용 그리고 신용카드 사용으로 인해 지불해야 하는 잔인한 이자를 포함한 그들의 생활비를 더 이상 유지하는 것은 불가능해 보인다. 이미 그들의 능력을 뛰어넘는 상황이다. 모두가 생활필수품을 위한 돈은 필요하다. 그러나 솔로들의 상황은 좀더 곤궁해 보인다. 그들은 여전히 두 명이 혼자보다 더 적은 돈으로 살 수 있다는 세상 사람들이 믿는 신화에 전혀 동의하지 않는다.

난 또 파산이다. 돈이 전부 다 어디로 사라진 거야?

제안 : "투잡(Two Jobs)" 치료가 많은 사람들에게 좋은 효험을 보이곤 했다. 이것은 데이트 때문에 시·공간적으로 많은 제약이 있어 솔로들이 시작하기 어려워 할 수도 있다. 이 치료는 당신이 데이트 상대가 있고, 그리고 상대방이 투잡족일 때 더 효과가 좋다. 이것이 불가능하다면, 좀더 일하거나 덜 쓰는 것만이 방법이다. 누구도 그것이 쉽다고 말한 적 없다. 그리고 실제로 어렵다.

2. 연애

> 사랑을 시작할 때는 조심히 걸어야 한다.
> 당신이 실수로 넘어져도 상대가 웃지 않을 것을 확신할 때,
> 그 때 연인의 품으로 달려가도 늦지 않다.
> — Jonathan Carroll

애인이 없다.

진단 : 솔로들에게 풍부한 연애생활이 존재할 것이라는 기대감은, 솔로 자신들뿐만 아니라 대다수의 사람들에게 수수께끼와 같은 일이다. 자신에게 꼭 알맞은 사람을 찾고, 그 관계를 유지하는 것은 아주 어렵고, 침울하고, 철저하게 실망스러운 일이다: 그리고 들판을 마음껏 뛰노는 것은 이처럼 성적으로 난잡한 시기의 세상에서는 아주 위험한 일이다. 나이와 성별에 상관없이 이것은 실로 어려운 일이다. 쉬웠던 때는 존재하지 않고, 오늘날 그렇게 많은 인터넷 서비스가 존재함에도 불구하고 특별한 사람을 찾는 것은 오히려 더 혼란스럽고 어려워 보인다.

왜 난 애인이 없을까?

제안 : "바로 행동하기" 치료가 충분히 시도할 의지가 있는 사람들에게 아주 경이로운 효과가 있다. 자존심 빼고는 아무 것도 잃을 것이 없다는 것을 기억해라. 그리고 당신과 본능적인 관계를 함께 나눌 수 있는 누군가를 실제로 찾을 수 있다면 많은 것을 얻는 것이다. 진실한 사랑이 당신 주위에서 명확하게 당신을 기다리고 있지 않다면, 어떤 장소에서라도 그들은 찾아보는 즐거움을 만끽할 수도 있다. 이것이 모든 연령대의 궁극적인 숨바꼭질 게임이 아니던가!

3. 직업

어렵고 힘든 일을 완수했다는 의미는
단지, 당신의 상사가 고단한 정규업무 외에
추가 업무를 곧 부과할 거라는 뜻이다.
— *Doug Larson*

내 직업이 정말 싫다.

진단 : 오늘날의 일터는 아주 불안한 지형에 놓여 있다. 경쟁은 치열하고, 일상적으로 냉혹한 딜레마에 빠진 곳이다. 넉넉한 월급에 적절한 보상을 제공하는 직업을 찾는 것은 당신의 생존에 아주 필수적이다. 기본적인 생존만을 항상 먼저 고민해야 할 때, 당신의 열정 또는 인생에서의 목표를 찾는 것은 즐거운 일이 아닐 뿐더러, 쉽지도 않다.

상사 때문에 미치겠다.

제안 : "나만의 열정 찾기" 치료가 가장 효과적인 동시에 가장 실행하기 어려운 방법 중 하나이다. 당신이 좋아하는 것을 하는 것은 평생 직종을 고려할 때, 아주 중요한 일이다. 만약

찾지 못한다면, 우선은 참고 기다려라. 그렇지 않다면 참여할 기회조차 얻지 못할 수도 있다. 그리고 이기기 위해서는 최소한의 기회는 가지고 있어야 한다. 벤치에 계속 앉아 있는 사람은 게임을 뒤집을 홈런을 치는 영웅이 될 수 없다.

4. 청구서

> 아무도 당신의 생존에 관심이 없다고 생각한다면,
> 자동차 할부금을 한두 번만 건너뛰어 봐라.
> — Earl Wilson

빚쟁이 신세를 못 벗어날 것 같아.

진단 : 부채를 지고 사는 것은 일상의 단면이고 많은 사람들의 삶의 방식이다. 그들이 어떤 상황에 처한 누구이던지 간에 그렇다. 불행하게도, "먼저 사고, 나중에 지불하기"의 사고방식은 실용적인 것처럼 보이지만, 실제로는 손해 보는 셈법이다. 구매할 때는 무척 간단해 보인다. 이자가 붙은 지불청구서를 마주하는 현실이 닥칠 때 당신은 실수를 깨닫겠지만, 늦었다. 많은 솔로들이 이런 생활을 대학에서부터 시작한다. 대학에서 신용카드 회사들은 현금에 항상 쪼들리고 의심할 줄 모르는 순진한 대학생들에게 마치 사탕을 나눠주듯이 신용카드를 남발한다.

매일매일 빚만 는다.

제안 : "예산 짜고, 지키며 살기" 치료가 빚에서 도망칠 통로가 돼 줄 것이다. 또 다른 아주 극적인 처방은 내가 아주 좋아하는 현금 중심의 생활방식인 "신용카드 자르기" 치료이다. 당신의 능력 이상으로 당신에게 빚이 쌓여 있을 때 사용할 수 있는 좋은 방법이다. 실제로 나는 스스로 이렇게 할 수 없었지만, 아주 효과적인 방법이라는 이야기들은 귀에 못이 박히도록 들었다.

5. 생활비

> 물가 상승이 모든 것을 파괴한 것은 아니다.
> 10센트 동전은 여전히 드라이버 대용으로 사용될 수 있다.
> — H. Jackson Browne, Jr.

모든 게 너무너무 비싸다.

진단 : 생활비가 꾸준하게 올라가고 있다는 것은 누구도 부인할 수 없는 사실이다. 그리고 이것을 줄일 수 있는 방법은 막막하다. 우리 모두가 한 배를 타고 있으나, 솔로들은 생활의 대부분의 영역에서 많은 것을 혼자 처리해야 하기에, 이 치열한 경쟁에서 앞서 가지 못하거나 여타와 보조를 맞추는 데에도 많은 어려움을 겪는다. 이런 문제들은 고정 수입에 의존하는 노인들에게 특히 어려운 일이다. 게다가 많은 사람들의 연금이 깎이고 있다. 기업들은 그렇게 해서라도 파산을 돌려막기 하고 다른 사람들—직원들—의 돈으로 겨우 연명하면서 연금까지 줄이고 있다. 이런 일들이 정말 우리가 징징거려야 할 대상이다.

도저히 물가를 따라잡을 수가 없다. 미친 듯이 오른다.
제안 : 슬프게도 "덜 쓰기" 치료가 이런 징징거림에 효과적인 유일한 방법이다. 많은 사람들이 이미 덜 쓰려고 노력하고 있다는 점에서 아주 잔인한 주문인 것도 사실이다. 하지만 이제는 눈을 돌려 관점을 달리할 필요도 있다. 우리네 인생에서 정말 중요한 부가 무엇인지에 대해서 생각할 시간이다. 당신 인생에서 돈으로 살 수 없는 것들에 대해서 생각해 볼 시간이다. 이 가장 복잡하고 불편한 치료를 시도하려는 것은 자기계발을 돕고 동시에 자제력과 의지력을 기르는 좋은 계기가 될 것이다.

6. 몸무게

다이어트는 우리가 음식 상한선을 초과하는 것에 대해
우리가 지불하는 벌금이다.
— January Jones

난 너무 뚱뚱하다.

진단 : 이것은 모든 연령대와 모든 유형의 솔로들이 공유하는 징징거림이다. 우리의 허황된 물질지상주의 문화에 의해서 야기된 것이다. 게다가 마른 몸매가 건강이나 자긍심보다 우위를 차지하고 있다. 디자이너들과 광고주들은 막대기처럼 마른 모델들을 내세워 옷을 팔고, 곧 멀쩡한 사람들이 그것을 입으면 멍청해 보이도록 만든다. 역사적으로 주로 여자들이 몸무게에 대해서 징징거리는 다수였으나, 이제는 남자들 역시 달성 불가능한 미끈한 몸매에 대한 지겨운 노래를 불러대는 합창단에 가세하고 있다. 어떤 대가를 치르더라도 육체적인 완벽을 추구하겠다는 이 세상에서는, 거울이 우리 모두의 적이라 할 수 있다.

몸무게가 줄지 않아. 당신은 어떻게 한거야?

제안 : "당신에게 맞는 식단 고르기"가 몸무게를 줄일 때 따라야 할 길이다. 이것은 평생이 걸릴지도 모르는 탐구대상이다. 좀더 나은 치료는 당신의 몸의 형태에 적당한 유지 가능한 식단에 의해 영양 균형을 이루는 건강하고 이성적인 삶을 사는 것이다. 이것은 내 예상보다 훨씬 더 오랜 시간이 걸리고 있고, 여전히 시도하고 있는 현자의 충고이다. 우리 삶에서 그렇듯이 가장 기본적이고 필연적인 것들처럼, 말은 쉽지만 행하기는 어려운 그런 목표들 중 하나다.

7. 헤어스타일

> 인생은 좌절과 도전이 공존하는 끝없는 몸부림이다.
> 그러나 결국 당신이 좋아하는 헤어스타일을 찾게 될 것이다.
> — Paul Mason

헤어스타일이 엉망진창이야.

진단 : 이것은 대개 여성들의 문제이지만, 다른 여러 가지 얼굴을 가졌다. 이것은 여러 종류의 불운에 의해서 벌어질 수 있다. 미용사의 실력, 좋지 않은 염색, 샴푸의 질 등에서 기인할 수 있다. 머리가 엉망이라는 것은 지진 머리, 곧은 머리, 곱슬머리, 얇은 머리, 굵은 머리 등 자신의 마음에 들지 않는 뭐라도 될 수 있다. 남자들에게 주로 망가진 헤어스타일이란 침낭에서의 힘든 밤을 보낼 경우와 관련 있다. 남성들은 상상 가능한 아주 우스꽝스러운 헤어스타일로 일어나곤 한다. 그 '침대 머리(Bed hair)'를 남자들은 오히려 즐기는 것 같다. 자연적으로 그런 머리 모양이 나오지 않을 때, 머리 관리 용품을 사용해서라도 그런 모양을 즐기기까지 한다.

어떤 헤어스타일이 좋을까?

제안 : "좋은 미용사 찾기" 치료가 이런 징징거림을 해결할 것이다. 당신만을 위한 특별한 미용사를 찾는 것은 절대로 쉬운 일이 아니지만, 유일한 해결책이다. 그 사람을 찾을 때까지는 많은 실망이 기다린다는 것을 알아 둬라. 그리고 이 임무에서 절대로 물러나서는 안 된다. 남자들의 헤어스타일이 엉망일 때, "머리 밀기" 치료를 시도해 봐라. 아예 유행에 발맞추는 것이다. 당신이 이미 대머리라면, 좋은 소식이 있다. 대머리가 이제 새로운 섹시남의 징표가 됐다.

8. 소개팅

사랑에 대한 굶주림은 빵에 대한 굶주림보다
훨씬 더 채우기 어려운 것이다.
— *Mother Teresa*

그/그녀는 어떤 사람인데?

진단 : 소개팅의 세계에 온 걸 환영한다—이 짝짓기 게임은 맹인을 이끌고 있는 맹인들로 가득 찬 세상이다. 많은 솔로들에게 결혼한 친구들의 주선에 의해 소개팅이 봇물 넘치듯 쏟아진다. 그들 주변에서 홀로 그렇게 행복하고 자유로운 삶을 사는 사람을 보는 것을 친구들이 견뎌내질 못하기 때문이다. 동병상련이라는 낡은 문구는 소개팅 장면과 또한 뻔히 예견되는 그런 실패를 마련하는 가당찮은 친구들을 정확하게 묘사하는 표현이다.

쓸 데 없는 일이다. 귀찮은 일 벌리지 말자.

제안 : "커피 한잔의 만남"이 내가 진심으로 추켜 세우는 방

법이다. 이렇게 하면, 특별히 비싼 대가를 치르거나 정신적인 압박 없이 서로를 마주 대할 수 있다. 당신이 신뢰하는 친구들이 입이 마르도록 칭찬하는 사람들과의 소개팅에 당신을 투자하는 것이 최선이지만, 주선자의 의도가 얼마나 순수하던지 간에 소개팅은 부담감이 있기 마련이다. 특히 그 소개팅 상대가 친한 친구의 친척이라도 된다면 더더욱 부담감이 클 것이다. 모두가 이야기하는 '아주 좋은 품성(만)을 가진 사람...'의 참뜻을 깊이 새겨야 한다.

9. 잠 부족과 피곤함

> 웃음과 눈물은 좌절과 피곤함에 대한 응답이다.
> 내 자신은 웃음을 더 선호한다.
> 왜냐하면 치울 것이 적기 때문이다.
> — Kurt Vonnegut

난 지칠 대로 지쳤다.
진단 : 많은 솔로들은 지칠 대로 지쳐 있다. 당연한 결과다. 그들은 솔로가 아닌 사람들이 꿈꾸는 삶을 잘 이끌고 살기 때문이다. 그들은 파티를 하고, 뛰어 놀고, 어디론가 떠날 수 있는 최전선에 있는 사람들이다. 그들은 그들의 젊음을 중년, 아니 그 이상의 나이까지 그 불꽃을 태울 수 있는 축복받은 영혼들이다. 누구도 그것이 쉽다고 말하지 않지만 누군가는 해야 한다. 멀리서 볼 때는 아름답게 사는 것처럼 보이지만, 솔직히 나는 내가 그들이 아니라는 것이 너무도 기쁘다.

잠을 잘 수가 없다.
제안 : "신나게 놀기" 치료가 피곤에 대한 치료를 위해 솔로

들에게 유일한 해법으로 인정되고 있다. 적어도 그 파티들을 잘 견뎌낼 수 있을 정도로 충분히 심정적으로나 신체적으로 젊은 솔로들에게는 그렇다. 그들의 신체적인 외형이나 나이와 상관없이, 솔로들은 일반적으로 사교계에 관해서는 항상 최고를 달린다. 잠의 부족은 그들이 즐기는 시간에 대한 공정한 대가이다. 누구도 그들에 대해 안타까워하지 않는다: 모두가 실제로는 부러워한다. 아무리 많은 휴식 시간도 채울 수 없는 그 자유로운 영혼을.

10. 지루함

당신의 건강 정도와 상관없이, 기회를 놓치지 마라.
당신 건강에 지루함보다 더 악영향을 끼치는 것은 없다.
— Mignon McLaughlin

너무너무 심심해.
진단 : 솔로들은 지루하다며 징징거린다. 다른 사람들은 갖고 싶어도 못 갖는 지루함을 말이다. 오직 걱정거리가 당신 혼자일 때, 인생은 지루해지기 쉽다. 당신은 굳이 인생의 미스터리를 경험하면서 다른 사람들 또는 다른 문제들에 대해서 고민할 필요가 전혀 없다. 배우자, 아이들, 처가와 시댁 사람들 또는 부부를 미치게 만드는 여타 모든 문제들에 대해 걱정할 이유도 꺼리도 당신들에게는 전혀 존재하지 않는다. 지루함은 솔로의 스트레스 없는 삶이라는 당연한 선택의 증상이자, 결과이다.

할 일이 없다.

제안 : 이 지루함에 대한 징징거림의 최고의 치료는 "아무 것도 바꾸지 않기"이다. 그 좋은 것을 망칠 필요가 전혀 없기 때문이다. 단지 당신 자신에 대해서만 집중하고, 당신의 호기심을 자극하는 그 무엇 또는 그 누군가가 나타날 때, 당신이 시작하면 된다. 솔로의 생활을 하며 특별히 혼자 있을 때, 지루한 것은 아무런 문제가 아니다. 또한 당신이 다른 사람들을 지루하게 하는 것이 아닌 바에야, 당신이 솔로이기 때문에 지루한 것은 그리 유해한 일도 아니다.

징징거리는 솔로들에게 요모조모 유용한 최고의 처방

"일초짜리, 한 마디" 치료

이 치료는 솔로 여부에 상관없이, 자기 스스로에게 갇혀 있는 사람들을 다른 이들에게 관심을 갖도록 또는 그들 자신뿐만 아니라 최소한 다른 이들에 대해 흥미가 있는 것처럼 꾸미기라도 할 수 있도록 돕는 치료이다. 당신이 좀더 호감을 갖고 싶어할 만한 사람을 만나는 좋은 방법이기도 하다. 그리고 솔로들에게 좋은 사람을 만날 수 있는 기회이기도 하다.

   자기중심적인 징징거림을 멈추기 위해서, 당신이 해야 할 일은 당신 사전에서 단 하나의 단어만을 삭제하면 된다. "나!" 그 단어를 지우는 데 일초면 족하다. 아주 빠른 치료가 될 것이다.

   당신 스스로를 되돌아볼 때, 징징거림을 유발하는 모든 대화의 시작은 그 한 단어 "나"로부터 시작된다. 예를 들면, "난 ~~ 하고 싶지 않아…" "난 그거 좋아하지 않아…" 또는 "나만의 방식대로 할거야." 당신이 "나"라는 말을 하지 않을 때, 징징거림은 멈출 것이다. "징징거림"에서 '나'를 빼면(Without I in the wh'I'ne), 불평은 사라질 것이다.

그렇다면, 불필요한 집착에 대한 징징거림 대신에 당신에게 무엇을 하라고 제안할 수 있을까? 모든 문장에 다른 사람들이 언급되는 질문들로 문장을 시작하면 어떨까? 그들의 삶의 '누가, 무엇을, 어디에서, 언제 또는 왜'에 관한 질문을 해봐라. 당신이 상상하는 것보다 대답은 훨씬 흥미진진할 것이다. 이런 방식으로 얻어진 새로운 지식은 당신의 뇌파를 자극하고, 좀더 만족스럽고, 좀더 건강한 생활로 이끌 동력이 돼줄 것이라고 "나"는 자주 들어왔다.

6장 베이비붐 세대

베이비붐 세대들의 징징거림 Top 10

1. 돈
2. 직업
3. 성생활
4. 컴퓨터와 휴대전화
5. 건강
6. 세금
7. 노화
8. 몸무게
9. 아이들
10. 느림보 운전자들

내 생각으로는, 우리는 불평을 위한 절박한 필요 때문에
언어를 발전시켜 왔다.
— *Jane Wagner*

나이는 실제보다는 마음먹기에 달려 있다.
신경 쓰지 않는다면, 결코 중요하지 않다.
— *Mark Twain*

베이비붐 세대(이하 붐 세대)들은 징징거리기 위해 태어났다고 해도 과언이 아니다. 컴퓨터의 경이만큼 그들의 징징거림은 대단하다.
징징거림 없이 살 수 없을 정도다. 모든 붐 세대는 승자(winner)가 되고 싶어하나, 결국은 징징대는 사람(whiner)이 되고 만다.

나의 붐 세대 친구들은, 나 자신을 포함하여 '즉석만족세대'이다. 우리가 무언가를 본다면, 우리는 반드시 그걸 사야만 한다. 그것이 뭔지 모르고, 그것이 무엇을 하고, 어떻게 그것을 사용하는지 잘 몰라도, 우리는 일단 그것을 가져봐야 한다. 아주 좋은 사례가 내 iPhone이다. 그것은 내가 누구의 주목을 끌거나 호감을 얻기 위한 아주 빠른 방법이었다.

내 전화에 관해서 가장 인상 깊었던 점은 내가 실제로 그것을 사용할 수 있었을 때이다. 모든 붐 세대들에게 줄 수 있는 내 최고의 충고는 당신 주변 사람 중 최고의 컴퓨터 전문가를 친구로 사귀라는 것이다. 당신의 최고의 친구는 아마도 십대가 될 것이다. "Apple"사의 상점에서 또는 게임기 "Wii"를 사용하면서, 그들과 함께 많은 시간과 돈을 쓸 준비를 해야 할 것이다.

당신이 Apple 중독자가 되고 iPhone을 사게 될 때, 그것은 마치 비밀 의식에 참여하는 것 같은 느낌일 것이다. 모든 iPhone 사용자들이 원하는 것은 다른 iPhone 사용자들과 대화하는 것이다. 그들만이 서로의 언어를 이해하기 때문이다. 징징거릴 이유가 사실 별로 없다. 단지 뒤떨어지지 않는 Apple 중독자로서 해야 할 수많은 괴이한 행동들만 빼면 말이다.

1. 돈

내가 어렸을 때, 돈이 인생에서 가장 중요한 것이라 생각했다.
이제 지금 나이가 들어서는, 그것이 사실이라는 것을 알고 있다.
— Oscar Wilde

그 돈이 전부 어디로 간 거야?

진단 : 붐 세대들도 다른 모든 사람들처럼 돈 때문에 징징거린다. 차이가 있다면 좀 더하다는 것뿐이다. 날마다 수입과 지출의 균형을 맞추는 것은 쉬운 일이 아니다. 당신이 미리 깨닫기도 전에, 당신은 은퇴에 대해서 생각할 준비가 되어가고 있고, 은퇴할 시점이 당신 생각보다 훨씬 더 가깝다는 것을 깨닫게 된다. 이제 막 당신이 아이들 교육을 끝냈을 때, 당신의 줄어드는 수입에 대해서 다시 한 번 돌아볼 시기가 온 것이다. 당신이 즐기는 동안 시간은 살처럼 흐른다. 불행하게도, 당신의 돈도 그렇다.

수입과 지출을 맞출 수가 없다.

제안 : "바로 지금 당장 노후계획 마련하기" 치료가 돈 때문에 징징거리는 붐 세대들에게 가장 필요하다. 시간이 없다. 당신의 돈의 용처를 우선순위에 따라 적절하게 배정해야 한다. 당신을 마지막 출발선에 데려다 줄 비상구가 필요하다. 비행기나 열차를 의미하는 것이 아니다. 인생은 막바지에 왔고 그리고 피날레를 장식할 돈이 충분히 없다는 것은 전혀 재미나는 일도 아니며 재미있지도 않다. 당신의 황혼을 대비하는 것에 대해서 전혀 심각해질 필요성을 못 느낀다면, 나를 따라서 복권 당첨 계획에만 머물러야 한다.

2. 직업

매력적으로 되는 것보다는, 평생 수입을 갖는 것이 더 낫다.
— Oscar Wilde

내 직업이 정말 싫다.

진단 : 많은 붐 세대들이 그들이 싫어하는 직업에 목매달고 살고 있다. 이런 일은 우연찮게 시작했던 임시직에서 그럭저럭 하다 보니 결국 평생직장이 된다. 언젠가는 내 꿈의 직장을 가질 것이라 생각할지도 모른다. 그러나 인생에서 점점 기회의 문은 좁아져가는 느낌을 떨칠 수가 없다. 여전히 가족들을 부양하고 있는 붐 세대들에게, 회사의 구조조정이나 해고와 같은 어쩔 수 없는 경우가 아니라면 직업을 바꾸는 일은 극도로 어렵고 위험한 일이 될 수밖에 없다. 선택의 여지가 없을 때, 당신은 변화해야만 한다. 긍정적으로 보자면 그것이 더 나을 수도 있다. 하지만 그렇게 될 때까지, 당신이 괜찮은 사람이고 실용적이고 안정성 제일주의 붐 세대라면, 그저 당신이 싫어하는 그 직업에 대해 징징거릴 수밖에 없다.

내 상사는 멍충이다.

제안 : "자신의 열정을 찾고 가능한 한 빨리 변화하기" 치료가 일에 지친 붐 세대들에게 최고의 충고이다. 누구에게나 그렇듯이, 말로는 훨씬 쉬운 일이다. 내가 오십 대가 되기 전에 난 내 열정이 무엇인지 찾을 수 없었다. 내 첫 번째 책은 "The National Enquirer(연예인 가십거리 잡지)"의 첫 면을 장식했다. 두려움이 뭔지 나만큼 알기는 어렵다. 일부 붐 세대들은 골프 코스와 장년 소프트볼 리그에서 그들의 열정을 찾기도 한다. 좋다. 그들이 여생을 즐기면서 쓸 충분히 재정적 여유가 있다면 말이다—그들이 메이저리그로 불려가서 돈을 벌 가능성은 없을 테니까.

3. 성생활

> 돈과 여자!
> 그 둘은 세상에서 제일 강하다.
> 당신이 여자를 위해 하는 모든 것들, 그 다른 어떤 것을 위해서도
> 그렇게는 하지 않을 것이다. 돈에 관해서도 마찬가지이다.
> — *Satchel Paige*

너무 피곤하다.

진단 : 붐 세대들은 아마도 그들이 성적인 욕구가 감소하고 있다는 것을 받아들일 것이다. 때때로, 너무 피곤하거나 기분이 별로라서가 아니라, 그저 적절한 상대를 찾지 못해서일 수도 있다. 그리고 당신의 짝을 이미 만났다고 하더라도, 예전처럼 초창기의 그 열정 가득한 상태를 유지하기는 쉽지 않을 것이다. 특별히 이미 평생을 함께 살아온 사람들에게는 더더욱.

말도 마, 짜증난다!

제안 : "바이아그라" 치료가 아주 낭만적인 밤을 보장할 것이다. 이것은 현재 존재하는 약 중 가장 널리 쓰이는 것 중 하나

이지만, 이것이 필요하다거나 사용한다고 인정하는 남자는 많지 않다. 실제로 우리 부부는 시도해 봤다. 그 약의 필요여부와는 상관없이, 우리 부부는 적극 추천한다. 해피엔딩을 약속하는 행복하고 긴 밤을 원한다면 시도해 봐라. 별다른 효과가 없다면, 그냥 초콜릿에 파묻혀 사는 수밖에 없다.

4. 컴퓨터와 휴대전화

당신이 서두르고 있다는 것은 컴퓨터에게 알리지 말라.
— *John Gabbey, III*

제대로 되는 것이 없어.
진단: 우리는 컴퓨터와 휴대전화와 함께 아주 편리한 세상을 살아가고 있다. 그러나 때때로 수많은 사람들이 컴퓨터와 휴대전화 때문에 짜증 지수가 올라기기도 한다. 수신 상태기 좋지 않은 휴대전화에서부터 갑자기 먹통이 되는 컴퓨터까지, 신기술은 붐 세대들에게 때론 고통스럽기도 하다. 게다가 이런 신기술들은 그들이 나이가 든 후에 생겨났기 때문에, 그들이 쉽게 적응하기에는 다소 무리가 따르기도 한다. 나도 이제 점점 새로운 기기들의 출현을 따라잡는 것은 거의 불가능하다. 마치 제품의 생산부터 빠른 용도 폐기를 이미 결정한 듯, 거의 매일 새로운 것들이 쏟아져 나오고 있다. 탐욕스러운 회사들은 우리가 계속 휴대전화를 사도록 하기 위해서, 우리가 이제 겨우 사용법을 익힐 때쯤이면 어느새 새로운 것들을 출

시하곤 한다.

골치 아프다 정말.
제안 : "던져 버리기 또는 코드 뽑기" 치료가 붐 세대들이 비밀스럽게 원하는 일이기도 하다. 다만 직장과 여타 생활에서 뒤쳐질까 두려워 할 뿐이다. 내 남편의 전화는 끊임없이 오하이오 미식축구팀의 응원 노래가 울리는 물품이 된 지 오래다. 집에서 전화가 울릴 때만 우리가 응답해도 되고, 오직 전문가들과 프로그래머들만이 컴퓨터로 작동하는 모든 물건들을 만지도록 허용되는 그런 태평한 날들로 돌아가기를 소망한다.

5. 건강

> 운동할 시간이 없다고 생각하는 사람들은
> 곧 아픈 데에 시간을 할애해야 할 것이다.
> — Edward Stanley

몸매가 완전히 망가졌다.

진단 : 붐 세대들에게 건강을 유지하기란 쉬운 일이 아니다. 하루에 해야 할 일들이 너무 많다. 직장에서도 그렇고 가정에서도 그렇고, 체계적인 운동지침을 따를 특별한 시간이나 계기도 없다. 게다가 우리들 대부분은 우리가 수용가능한 것보다 더 많은 일을 하는 것을 싫어한다. 운동도 우리들에게는 일 같은 것이다. 좋은 체력 유지에 대한 열정은 홀로 사는 솔로들이나 근육이 많이 필요할 빈집털이를 노리는 그런 사람들에게나 적절하다. 그들에게는 체육관이 교회를 대신해서 가는 곳이고, 붐 세대들에게 그것은 오히려 고난, 고통이라는 표현이 더 적절할 것이다.

헬스장에 등록만 하고 가본 적이 없다.

제안 : "같이 운동할 친구 찾기" 치료가 정기적으로 운동에 참여할 수 있는 바람직한 방법이다. 이상적인 친구로는 당신의 배우자가 가장 적절할 것이지만, 불가피하다면 당신의 친구 역시 당신을 움직이고 운동하게 만들 수도 있다. 기본적으로, 점점 쳐지는 엉덩이와 튀어나오는 배에 대해서 당신이 미안하게 생각하도록 만들 수 있는 사람을 찾을 필요가 있다; 그러나 어떤 상황 하에서도 그 사람이 당신 부모여서는 안 된다.

6. 세금

> 인플레이션은
> '대표없는 과세(Taxation without representation)' 다.
> — Milton Friedmans

부자만 돈 번다.

진단 : 누구도 세금 내는 것을 즐기지 않는다. 대다수는 그들이 내야 하는 세금의 양을 보고는 분개하곤 한다. 무엇보다도, 붐 세대들은 과거보다 정부가 나라를 잘 운용하지 못하는 것 같다고 느끼는 것 같다. 그들은 비효율적인 프로그램들에 쓸데없이 그들의 세금이 낭비된다고 분개한다. 최근에는 국민들의 지지도 받지 못하는 전쟁을 위해 돈이 낭비되는 것에 납세자들이 많은 분노를 가지고 있다. 특별히 이것이 붐 세대들은 자극한 것은, 많은 사람들이 전쟁을 완전히 끝내려 노력하던 시기에 좀더 유연한 그들의 생각들이 형성되기 시작했기 때문이다. 세금은 파괴가 아니라 개발을 위해 사용될 때 그나마 조금 이해가 될 터인데, 그 돈이 끝도 없고 결론도 없는 전쟁에 쏟아 붓는 것에 대해 붐 세대들이 징징거릴 때 과

연 이걸 누가 멈출 수 있겠는가?

왜 계산이 안 맞아 떨어지지?

제안 : "정직한 회계사 찾기" 치료가 내가 선호하는 세금 관리 방법이다. 지금까지, 우리 회계사는 세금 관련해서 아주 큰 도움을 제공해 왔다. 적어도 그는 우리가 감옥에 갈 일을 만들지는 않았다. 세금 납부기간은 아주 골머리가 터질 것이다. 단순히 그것이 전화선 너머에서 들려오는 외계어 같은 것이 아니라 다른 무엇보다도 유익한 이야기처럼, 아주 솔직하고, 성실하고, 숫자 계산에 강하고, 진지한 세금 회계사로부터 당신이 배울 수 있는 것이다.

7. 노화

> 나이 드는 것은 의무이다.
> 하지만 성숙해지는 것은 선택이다.
> — *Chili Davis*

쭈글이 노인이 된 것 같아.

진단: 간단히 이야기하자면, 당신의 나이와 당신의 느낌과는 별도로, 나이 먹기는 누구에게나 그리 유쾌한 일은 아니다. 소녀 같은 사람들에게도 아니고, 붐 세대들에게는 더더욱 아니다. 사람들은 자신들의 젊은 시절을 영광스럽고 가장 찬란한 나날들로 기억하는 경향이 있다. 붐 세대들이 그들의 문학과 영화에서 보여 주고 있듯이, 과거의 것들에 대한 대단한 향수는 나이든 붐 세대들에게서 눈물과 회한을 자아내곤 한다. 나이 먹는 것은 되돌릴 수도 피할 수도 없다. 그래서 더욱 실망이 크다. 붐 세대들은 곧 미국의 고령자사회로 편입될 것이다. 이런 잔인한 현실은 아직 여전히 남은 열정을 불태우고자 하는 사람들에게는 생각하는 것만으로도 불쾌해 지게 만든다.

보톡스 비용이 너무 많이 비싸다.

제안 : "극복하고 정신 차리기" 치료가 나이 드는 것에 대해 징징거리는 붐 세대들에게 좋은 치료이다. 나이를 먹는다는 것은 모두에게 괴로운 일이다. 하지만 대안을 생각해 보자. 최선의 방법은 당당하게 늙어가는 것이다. 우리의 목표는 노망들거나 아주 못된 할망구가 되지 않으려 노력하는 것이다. 잠시 여유를 가지고 야생 꽃씨를 심어보는 것도 좋다. 튀겨 먹는 것 대신 말이다. 항상 똑같은 장소와 반복된 일상에 머무르는 것은 당신의 얼굴에 주름을 하나 더 새겨 넣는 일이고, 그것이 당신을 늙어 보이게 한다.

8. 몸무게

당신이 들어 올릴 수 있는 만큼보다 더 많이 먹지는 마라.
― Miss Piggy

몸무게가 줄지를 않아.

진단 : 우리들 대다수에게는 불행스럽게도, 우리 사회는 살집보다는 마른 것을 더 예찬한다(아니었던 적이 있었는지 모르겠다). 말라야 왕따 당하지 않는다. 우리는 영화와 잡지에서 아주 날씬하고 고귀하고 건강한 그런 아바타들을 매일 보면서 산다. 이것은 단지 붐 세대들만의 문제가 아니라 우리 모두를 향한 문제이다. 진실은 하나다. 비만은 많은 건강상의 위험 요소들을 초래하고, 몸무게가 덜 나갈수록 기대 수명은 길어질 것이란 점이다. 야윈 편이라는 말을 들을 만한 이들은 제외하고, 아무에게나 "너무 뚱뚱한"이란 딱지를 붙이는 우리의 기준들이 이런 진짜 문제를 밀어내 버렸다.

내게 맞는 다이어트법이 없어!

제안 : "지방흡입" 치료가 내가 좋아하는 방법이지만, 그것은 비용 때문에 모두에게 가능한 방법은 아니다. 훈련된 전문의가 당신의 지방을 빼줄 수 있도록 할 만큼 여유가 없다면, 당신의 축 늘어진 살의 문제에 대한 해답은 덜 먹고 열심히 운동하는 것이다. 개인적으로 나는 여자들을 대상으로 하는 재미있는 "커브(Curves, 바쁜 여성들을 위해 특화된 헬스 체육관)" 치료를 선호한다. 우리가 어디에서 진중하면서도 당신에게 소리 지르지 않고 인내를 가지고 훈련시켜 줄 개인 트레이너를 가질 수 있겠는가? 우리가 무엇을 하더라도, 요점은 그것을 할 때 무조건 즐기라는 것이다. 내 남편과 나는 한 번은 마티니와 생크림 다이어트를 해본 적이 있고, 우리는 매우 즐겼다. 우리가 두어 잔의 마티니를 마시면, 우리는 먹는 것에 대해서 완전히 잊어버리게 된다. 이미 마티니에 취해 생크림을 죽 들이키거나 숟가락으로 떠먹거나 침대에서 먹게 될 것이다. 마티니에 아직 곯아떨어지기 전이라면.

9. 아이들

아이들이 자라고 있는 동안 집안 청소를 하는 것은,
눈이 멈추기 전에 마당을 쓸고 있는 것과 같다.
— *Phyllis Diller*

우리는 지금 무슨 생각을 하고 있나?

진단 : 붐 세대들은 왜 아이들에 대해서 징징거릴까? 내식으로 말하자면, 많은 아이들은 성관계를 가진 행운의 결과로 태어났기 때문이고 행운은 보상을 원하기 때문이다. 그리고 사실 성관계가 끝난 후에, 그 진짜 재미가 시작된다. 사람들은 아이들이 나이가 들면 동료처럼 상대해 줄 것이라고 생각한다. 그러나 그런 일은 그 부모가 아주 돈이 많지 않으면 거의 일어나지 않는 일이다. 일부 아이들이 정말로 그들의 부모를 좋아한다는 이야기를 들어본 적이 있고, 일부는 부모들을 사랑한다는 것까지도 인정하기도 했다. 너무 흥분하지 마라. 그럼에도 불구하고 그들은 여전히 부모님과 함께 하는 것보다는 친구들이나 그들의 적과 있는 것을 더 좋아할 것이다.

할머니 할아버지가 되기에는 너무 젊다.

제안 : "일찍 극복하고 감사하기" 치료가 당신이 아이들과 손자들에 대하여 징징거리는 것을 막을 확실한 방법이다. 물론 당신이 저지른 모든 실수에 대한 징징거림까지 함께. 당신이 많은 붐 세대들이 그렇듯이 아주 무모할 정도로 어린 나이부터 가정을 꾸려왔다면, 마흔 또는 그 이상의 나이가 되어서 조심스럽게 아이 계획을 세우는 'X' 세대 바보들을 향해 신나게 웃어줘도 괜찮다. 그들이 아이들 교육비를 여전히 지불하고 있는 동안, 당신은 당신 자식들이 당신 손자들의 터무니없는 대학 등록금을 지불하기 위해 몸부림치는 것을 보고 있을 것이다. 그동안 당신은 사업 파트너와 골프를 치거나 아름다운 해변에서 즐기고 있을 것이다.

10. 느림보 운전자들

> 인내심은 당신 뒤에 있는 운전자가 당신에게 보내는 것이고,
> 경멸은 당신 앞에 있는 운전자에게 보내야 하는 것이다.
> — Mac McCleary

왜 내 앞에서 얼쩡거리지?

진단 : 느림보 운전자는 나이, 성별, 몸집이 작거나 크거나에 상관없이 어느 누구나 가능하다. 그들은 화를 돋우고, 위험하고, 동시에 아주 낙담하게 만들기도 한다. 내 인내심의 한계를 시험하는 브레이크만 계속 밟아대는 느림보를 누군들 받아 버리고 싶지 않겠는가 말이다. 그것도 이미 늦어서 발을 동동 구르는 상황에서. 이것은 항상 조급하게 서두르는 특성을 가진 붐 세대들이 가장 좋아하는 징징거림이다. 종종 그들은 그들이 이미 알기도 전에 그들 자신들도 늙어가고 있다는 것을 잊고 있다.

저 사람들한테는 운전면허를 줘서는 안 된다.

제안 : "경적 울리기"가 때때로 잘 성공하기도 하지만, 때로는 느림보 운전자를 더 느리게 만드는 역효과를 내기도 한다. 사고를 내거나, 살인을 저지르지 않기 원한다면… 이건 어려운 결정이다. 그 느림보 운전자들이 나이든 사람들이라면 그들은 아마 당신의 경적 소리를 아예 듣지도 못하는 경우도 있다. 당신이 달팽이 느림보 운전자 뒤에 있다면, 당신이 뭘 하는 사람이건 간에 막말을 하거나 그들을 도로 밖으로 밀어내서는 안 된다. 특히 당신보다 상대가 덩치가 클 때 기억해야 할 중요한 일이다.

> 징징거리는 붐 세대에게 요모조모 유용한 최고의 처방

"동창회" 치료

붐 세대들은 주로 그날그날의 생활에 어쩔 수 없이 발목이 잡혀 고향을 떠난 후에 친구들과의 연락이 끊어지는 경우들이 종종 있다. 타임머신에 사로잡혀 뒤돌아보지 않고 항상 미래로 떠밀려 다닌다.

당신이 인지하기도 전에, 당신은 열 번째 고등학교 동창회로 다시 초대된다. 이건 그냥 뛰어넘기 가장 좋은 코스다. "설마, 벌써 십년이나 됐다고? 말도 안 돼. 바로 엊그제 졸업한 것 같은데. 이번 동창회 말고 내가 백만장자 되고, 한 10kg 정도 살 좀 빼고 나서 내년 쯤 가야겠다. 그 때쯤이면 결혼해서 아이가 있을지도 모르겠다"라고 당신은 말할지도 모른다.

그 때, 또 다시 당신이 알기도 전에, 20주년 동창회가 시작된다. 모든 붐 세대들은 이번에는 참여한다. 그 친구들을 다시 만나고 소식들도 나누고, 아기 사진들을 돌려보고 그리고 지금까지의 당신이 살아온 이야기들을 나누는 것은 재미있는 일이다. 아마도 그들이 나이에 비해 여전히 좋아 보이는 것이

놀랍다고 생각할지 모른다. 특별히 당신 자신에 대해서.

　30주년, 40주년 동창회까지, 당신의 친구들 중 누구도 나타나지 않을 것이다. 그 대신에 그들의 부모가 그 자리에 있을 것이다. 당신은 예전에 당신이 알던 사람들을 희미하게 떠올리게 하는 아주 나이든 사람들을 만날 것이다. 당신은 여전한데 어떻게 이런 일이 일어났냐고? 그들 모두에게 무슨 일이 벌어진 것일까?

　당신이 붐 세대이고 여전히 섹시한 노인이며 동창회 기회가 있다면, 가는 것을 주저하지 마라. 당신이 하는 것 중 가장 놀라운 일이 될 것이다. 당신이 잊었던 모든 것들을 상기하기 위해서 타임머신에서 뒤로 잠시 물러설 것이다.

　최고의 경험은 당신이 느낄 조건 없는 사랑이다. 누구도 더 이상 상대방을 비평하려 하지 않을 것이다. 그런 바보 같은 일들을 하기에는 우린 너무 나이가 많다. 그 때 당시의 그 어린 소녀들이 현재의 그들만큼만 같았으면 하는 소망. 그들이 지금 아는 것을 그 때의 그들도 알았으면 하는 생각. 아쉬움.

　꿈꾸는 것의 절반도 이루기 쉽지 않다는 것을 우리 모두는 알고 있다. 누구도 완벽한 인생을 살진 못한다. 당신이 그럴 것이라고 기대했던 누구도 그렇지 않을 것이다. 우리 모두는 각자의 눈물과 고통을 안고 살았다. 되돌아보고 후회할 필요 없다. 그것이 차의 앞 유리가 그렇게 크고 뒤를 보는 백미러는 그렇게 작은 것이다. 그리고 나는 와인을 몇 잔 마신 후에

친구들에게 친구들의 이름을 내 책에 언급해 주기로 약속했
던 것이다. 불행하게도, 난 어떤 이름도 생각나질 않는다.

　　　　1961년의 Immaculata 45회 동창회 참가자들 :
　　　　　　너희들 각자 서로 누군지 알지!

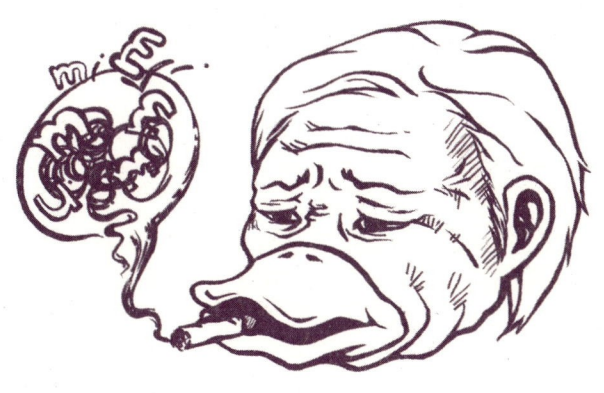

7장 노인들

노인들의 징징거림 Top 10

1. 돈
2. 노화
3. 외로움
4. 물건 잃어버림
5. 건망증
6. 건강
7. 지루함
8. 은퇴
9. 죽음
10. 불면증

남자는 그의 느낌만큼 늙고
여자는 그녀의 외모만큼 늙는다.
— Mortimer Collins

노인들을 존중하지 않는 사람들은,
그들이 어디서 왔고, 어떻게 시들게 될지를 모르는 사람들이다.
— Ramsey Clark

노인들과 징징거림은 말린 자두와 변비처럼 항상 함께 다닌다. 일부 노인들에게 쉴새없이 변하는 세상을 따라잡기는 결코 쉬운 일이 아니다. 일부는 이런 변화에 대해 징징거리는 것 말고 다른 대응 방식을 찾지 못하기도 한다. 변하기 이전의 과거 방식이 훨씬 더 좋았던 것들에 대해서는 말할 것도 없고.

이런 것들 중 하나가 수입이다. 그들의 수입은 이전보다 훨씬 더 그 가치가 떨어졌다. 사람들은 돈을 펑펑 쓸 수 있는 날들을 기다리며 평생을 보내 왔지만 그런 날은 오지 않는다. 그날들이 오기 전에 돈은 항상 바닥을 보이곤 한다. 그들이 나이가 들고, 그들이 "끔직한 고정된 수입(연금)"에 의지하며 살 때 아주 쉽게 깨닫는 것이 있다. 치열하고 무의미한 경쟁을 빠져나온 것은 아주 행복한 일이지만, 적은 돈으로 함께 어울려 사는 것이 정말 쉽지 않다는 것을 동시에 깨닫게 된다.

노인들은 또한 건강에 대해 자주 징징거리지만, 특별히 더 나아지도록 할 수 있는 대책들이 별로 없다는 것이다. 그들은 그 문제에 대해 체념하는 것 말고는 모든 것을 할 것이다. 어쨌든 다른 노인들과 함께 징징거리는 것도 하나의 재미이기도 하다. 그들의 나이에 이르면 징징거림은 이미 예술의 경지에 이른다. 다른 노인들과 함께 서로 징징거릴 대상들을 탐험하고 공유하기에 충분한 얼마나 많은 이유들을 가졌을 것인가! 그리고 그렇게 할 만큼의 에너지만을 가졌을 뿐이다.

1. 돈

은퇴한 남편은 종종 아내의 직장이 되곤 한다.
— Ella Harris

그 돈이 전부 어디로 갔을까?

진단 : 돈은 인생의 모든 국면에서 중요한 문제지만, 노인들에게는 중요성이 좀더 과장될 필요도 있다. 황혼의 노년(twilight years)이 자본에 대한 아무런 보장도 없이 환상특급(Twilight Zone, 미국 인기 SF & 호러물)으로 쉽게 미끄러질 수 있다. 황혼의 노년이 아무런 안전장치도 없는 공포 특급이 될 수도 있는 것이다. 정해진 은퇴 계획이 있더라도, 노인들은 그들의 수입이 줄어드는 것을 막기 위해 한 푼이라도 긁어모으려 들 것이고, 이것은 또 발작에 가까운 징징거림으로 그들을 몰고 갈 것이다. 문제는 모든 재미있는 것들은 추가 비용이 소요된다는 것이고, 그래서 많은 노인들이 최소한의 생활비로 살아가면서, 여가생활을 즐길 재정적 여력이 부족하여 하지 못하는 모든 것들에 대하여 또 무수히 징징거리게 된다는 것이다.

이제껏 한 번도 충분한 적이 없다.

제안 : "저축 그만하기" 치료가 노인들에게 가장 효과적인 치료다. 이제는 만일을 대비해서 돈을 모으는 것을 더 이상 하지 않아도 되는 완벽한 시간이 온 것이다. 이제 양동이로 퍼붓듯이 써야 할 시간이다. 여기서의 목표는 당신의 죽는 날까지 가진 돈을 모두 써 버리는 것이다. 또는 장례식을 포함하여 죽은 다음날 정도까지만 염두에 두면 된다. 이 방법이 당신의 작별 파티를 위해 충분한 돈이 있게 하는 방법이다. 당신의 마지막 남은 몇 푼까지도 작별 시간이 다가올 때, 빵이나 칵테일을 즐기면서 임종을 맞이한다는 생각으로 마지막까지 상세한 시나리오를 계획해 두는 것이 좋다. 즐거운 여행되시라!

2. 노화

> 나이 드는 것은 의무이다.
> 하지만 성숙해지는 것은 선택이다.
> — *Chili Davis*

온몸이 쑤신다.

진단 : 나이 먹는 것은 별로 재미없는 일이다. 당신에게 어떻게 말하려 한들... 어쨌거나 아픈 건 아픈 거다. 엉덩이, 어깨, 목, 손, 허리... 당신이 상상가능한 모든 몸의 부분들이 아프다. 노화를 따라 소풍 나온 그 통증들은 삶의 일부이다. 피할 수 없고 어떻게든 마주 서야 할 문제들이다. 언젠가 거울을 쳐다봤을 때 비치는 늙고 쭈글쭈글한, 처음 보는듯한 얼굴을 마주하는 것은 당신을 망연자실하게 할 것이다. 내 얼굴에서 아버지의 얼굴을 보게 되는 그 날들이 내게는 정말 힘든 날이 될 것이다.

더 이상 흥미가 없어.

제안 : "거울 보지 않기" 치료가 최고의 치료가 될 수 있다. 이것은 그들이 원하고 선택한 그 나이처럼 행동할 수 있도록 만들기 때문에 효과가 아주 좋다. 물론 그들이 선택하는 나이가 그들 생의 최고의 나날들—아주 젊은 날들—이라 할지라도 말이다. 당신의 나이가 80이고 당신의 최고의 나날들이 나이 40이었을 때라면, 다시 그 때로 돌아가라. 누구도 당신이 스스로 어떻게 느끼는 지를 간섭할 수 없고, 밖에서 어떻게 행동하던지 통제할 수도 없고, 하려고 하지도 않을 것이다. 당신은 당신 자신의 쇼의 스타이다. 좋은 쇼를 만들어라. 당신을 즐겁게, 놀라게 할 수 있는 일들을 시작할 때가 왔다. 단순히 당신을 징징이, 싫증나도록 투정만 부리는 사람으로 만드는 그런 일상의 반복에서 벗어나야 한다. 운이 좋게도, 노인들은 그들 자신을 제외하고 특별히 신경써야 할 사람들이 없다. 그들이 여전히 그 불행한 연애의 세계에서 떠돌고 있지 않다면 말이다.

3. 외로움

불평하지 않는다면, 당신은 무엇이라도 극복해 낼 수 있다.
— Samuel Johnson

누구도 날 돌보지 않아

진단 : 늙어 가는 것이 힘들다면, 혼자 지내보는 것도 방법이다. 다수의 노인들이 그들 자신의 의지와 상관없이 홀로인 경우들이 많다. 많은 노인들이 사교생활을 시도하는 것조차 버거워하기도 한다. 노인들이 새로운 친구를 만나고 새로운 시작을 하는 것이 쉽지만은 않은 일이다. 물론 일부 노인들은 혼자 있는 것을 선호하기도 한다. 특별히 과거의 동반자들이 그들을 아주 힘들게 만드는 사람들이었거나, 덜 떨어진 사람들이었을 경우에 그렇다. 또한 외로움은 자녀에게 죄의식을 느끼도록 만드는 아주 효과적인 무기이기도 하다. 아주 치명적으로 유용하고 효과적일 수 있다.

전화 한 통이 안 온다.

제안 : "빨리 누군가 찾기" 치료가 대부분의 노인들을 위한 최고의 접근법이다. 쉽진 않지만 갑작스럽게 당신이 즐길 수 있는 날들을 그만두고 싶지 않다면, 그 게임의 세계로 돌아와야 한다. 요즘은 반드시 결혼하지 않아도 되는 추세이다. 많은 변덕스러운 노인들의 삶은 온갖 종류의 흥미로운 이벤트들로 가득 차 있다. 단지 그것을 당신의 아이들에게는 말하지 마라. 자잘한 일상과 자유로움이 넘쳐나면서도, 조금 방탕스럽고 재미있는 일들은 그냥 사생활로 간직함이 좋은 것들도 있다.

4. 물건 잃어버림

불만이 있다는 것은 삶에 목표가 있다는 것이다.
— Alan Corey

내가 그걸 어디에 뒀더라?

진단 : 슬프게도, 물건을 잃어버리는 것은 많은 노인들에게 일상적인 일들이다. 어떤 이유에서이든, 물건들은 사라지기 마련이다. 잔인하지만, 우리가 물건들을 어디에 뒀는지 자꾸 기억하도록 만들어서 우리가 점점 사라져가는 기억을 놓치지 않도록 만드는 자연의 방식이다. 예를 들면 독서용 안경은 항상 당신 머리 위에서 찾을 수 있다. 이 악의적인 농담은 그냥 말만이 아닌 실제로 일어나는 짓궂은 장난이다. 실용적이지 못한 사람이 되리라고 누구도 예상하지 못했지만, 현실이다.

어디 있는지 도대체 찾을 수가 없다.

제안 : "독서용 안경 많이 사 두기" 치료가 답이다. 또는 당신

이 항상 필요한 다른 주요한 용품들을 많이 사 두는 것도 도움이 된다. 그것들을 찾을 때 항상 당신이 찾는 곳에 미리 놓아두어라. 당신의 침대 주변, 집에 있는 모든 전화기 주변, 컴퓨터, 당신이 뭔가를 읽는 어느 곳도 다 포함된다. 당신 지갑 또는 주머니에도 넣어둘 필요가 있다. 욕실에 두는 것도 잊어서는 안 된다. 당신이 잃어버리는 모든 다른 물건들에 관해서, 예를 들면 열쇠, 지갑들, 보청기, 식료품 쿠폰, 틀니 그리고 다른 모든 노인 용품들... 행운을 빈다. 자신의 치아를 잘못 놓아두는 것이야 별 대수가 아니지만, 머리를 잃어버리지는 않도록 해야 한다.

5. 건망증

> 여자들은 항상 남자들의 건망증 때문에 걱정한다.
> 남자들은 항상 여자들의 기억력 때문에 걱정한다.
> — Daren Davenport

아무 것도 기억이 나질 않아.

진단 : 어느 정도 나이가 되면, 누구라도 조금씩 건망증이 생기기 마련이다. 당신이 수년간 알고 지낸 사람의 이름이 생각나질 않거나, 당신이 차를 어디에 주차했는지 가물가물하거나, 약속한 것들을 종종 잊거나 하는 작은 것들에서부터 시작된다. 어떻든, 당신이 건망증에 대해서 걱정을 하면 할수록, 좀더 건망증이 심해지곤 한다. 이것은 때때로 치매 또는 끔찍한 알츠하이머병의 전조를 보여 주는 잔인한 시작이기도 하다. 당신이 할 수 있을 때 이런 것들에 대해서 징징거리는 것이 좋다. 해야 한다면 오늘 징징거려라. 내일 그렇게 하는 것을 잊을지도 모른다.

내가 그걸 어디에 놔뒀더라?

제안 : "메모하기" 치료가 이런 상황에서 가장 적절한 유일한 방법이다. 리스트를 만들고 이 리스트를 잃어버리지 않도록 노력해야 한다. 내 남편, 오하이오 미식축구팀 광팬인 그는 항상 그의 시간의 대부분을 오하이오 미식축구 연감을 찾는 데 보낸다. 이것은 그가 기억해야 할 다른 모든 것들을 잊고 있다는 사실로부터 그를 해방시켜 주는 하나의 통로이기도 하다. 그러나 당신의 배우자가 어디 있는지는 절대로 잊어서는 안 된다. 남편 또는 아내는 당신이 모든 것들을 어디에 뒀는지 기억해 줄 유일한 사람이다.

6. 건강

> 당신의 비밀수첩에 있는 많은 이름들 다음에
> 날짜가 적혀졌을 때,
> 당신이 늙어가고 있음을 깨닫게 된다.
> — Arnold Palmer

내 몸이 예전 같지가 않아.

진단 : 삶을 즐기는 데 있어 건강은 기본 중의 기본이기 때문에 이것은 아주 흔한 징징거림이다. 노인들은 그들의 건강 문제에 대해서 다소 오버하는 경향들이 좀 있다. 그러나 수긍할 만한 일이다. 누구도 궁핍하거나 아픈 것은 좋아하지 않는다. 불행하게도, 노인들이 좀더 자주 그리고 좀더 쉽게 아프게 되는 것은 잔인하지만 불변의 법칙이다. 이것이 징징거리기에 아주 좋은 이유가 아니라면, 다른 것들은 징징거릴 이유가 전혀 없다고 해도 과언이 아닐 정도다.

항상 아프고 피곤하다.

제안 : "부인하기" 치료가 극단적이지만 당신 자신과 다른 사

람들에게 당신이 건강한 것처럼 꾸밀 수 있는 최선의 방법이다. 몸이 별로 좋은 상태가 아닐지라도 당신은 스스로를 다그쳐야 한다는 뜻이다. 훌륭한 연기는 때때로 불가피한 병치레를 연기하거나, 때때로 회복시키기도 한다. 약간 힘든 경우들도 있으나, 당신을 조금 더 자주 웃게 만들 것이다. 당신이 이렇게 "모든 것이 잘 되고 있다"는 연기를 열심히 노력한다면, 당신을 찬미할 수 있는 많은 특별한 이야기들을 만들어 낼 수 있을 것이다. 내 마지막 날을 생각할 때, 나는 죽는 것은 쉽고, 멋진 인생극(人生劇)을 남기는 것은 어렵고, 남겨진 사람들에게 유머러스한 송덕문을 기대하는 것은 더 어렵다는 것을 항상 기억하려 하곤 한다.

7. 지루함

> 지루함은 시간의 표피를 무자비하게 확대하는 것과 같다.
> 마치 얼굴의 모공들처럼, 모든 찰나들이 넓어지고 확대된다.
> — *Charlotte Whitton*

아무 것도 할 일이 없다.

진단 : 이미 웬만한 상황은 모두 겪어본 노인들에게 흔히 벌어지는 상황들이다. 더 이상 아무 것도 특별히 새롭지 않고, 흥미롭지 않게 된다. 아주 마음 깊은 곳에서 우러나오는 것들이 아니라면 크게 새로운 정력을 이끌어 내는 일은 쉽지 않다. "Carpe Diem(현재를 즐겨라)"이라는 지상명령은 노인들에게는 특별한 관련성과 적절한 동력을 잃어버렸다. 그들은 이미 지난 오십년 이상을 그 하루하루를 이겨내기 위해 노력해 왔던 사람들이다. 새로운 것과 무언가를 할 의욕적인 것을 찾는 것은 나이 들어가는 사람들에게는(거의 모든 사람을 포함하는 말이겠지만) 하나의 도전이다. 하지만 당신이 징징거리는 것을 멈추고 당신의 머릿속을 압도하는 지루함을 떨쳐낼 수 있는 뭔가를 하기 시작한다면 당신은 그 도전을 이겨낼 수 있다.

이미 다 해 봤거든!

제안 : "롤러코스터" 치료가 내 남편의 지루함을 떨쳐내는 방식이다. 집에서 지루함을 불평하고 있기 보다는, 놀이공원에서 만끽하는 즐거움을 그는 택한다. 그는 우리 동네에서 매직 마운틴(Magic Mountain, 미국 전역 30여개에 이르는 유명 테마파크)의 1년 자유이용권을 가진 몇 안 되는 노인 중 한 명이다. 속절없이 집에만 머물면서 무엇인가 번쩍하고 나타나서 당신을 재미있게 해 주길 기대한다면, 지루함만이 내내 당신 머릿속을 휘젓고 다닐 것이다. 나이를 잊고 즐겨라. 실제가 아니라면, 마음으로라도 아이가 되어 보아라.

8. 은퇴

은퇴와 함께 오는 문제는 당신이 하루도 쉴 수 없다는 점이다.
— Abe Lemons

시간이 너무 많다.

진단 : 일부 노인들은 소외되는 것을 싫어하는 반면, 일부 노인들은 아무 것도 하지 않는 것을 즐기기도 한다. 충분히 활동적인 노인들은 크게 부담이 가지 않는 운동이나 간단한 소풍들로 그들의 시간을 꽉꽉 채워서 잘 쓴다. 예를 들어, 한 사람이 얼마나 많이 골프를 칠 수 있을까를 몸소 경험해 보는 것도 나쁘지 않다. 내 남편은 은퇴 후에 매일같이 골프를 쳤다. 그리고 그의 핸디캡은 4포인트까지 올라갔다. 그것이 그가 은퇴 후에 알아낸 것이다. 약 10개월 간의 행복한 골프 생활 후에, 내 남편은 백기를 들었으며 다시 직장으로 돌아갔다. 나는 전혀 그의 골프를 말린 적이 없다. 당신이 활동적이지 않다면, 단지 앉아서 아무 것도 하지 않고 그 자체를 즐기는 것도 좋은 방법이다. 시간이 지나면 깨닫게 될 것이다. 앉

아서 아무 것도 하지 않고 그 자체를 즐기는 것도 즐거움이라는 것을 말이다. 그런 시간을 좀더 갖게 해달라고 소망하게 될 것이다. 이런 뜻밖의 사실을 시간이 얼마 남지 않았을 때 알게 된다는 점이 아쉬울 따름이다.

어떻게 하면 일할 기회라도 얻을 수 있을까?

제안 : "자원봉사 등으로 정신 차리기" 치료가 당신의 노년기의 지루함과 싸우는 데에 필요한 것이다. 오프라(Ophra) 쇼와 엘렌(Ellen) 쇼를 보는 것 이외의 다른 것들로 당신의 삶을 꾸며야 한다. 당신의 노년기의 지루함을 이겨낼 최고의 방법은 부글부글 끓기만 하는 것이 아니라 증기를 밖으로 내보내듯이 피곤할 만큼 열정을 쏟아 내야 한다.

9. 죽음

> 그 대안을 생각해 볼 때,
> 늙었다는 것이 항상 나쁜 것만은 아니다.
> — Maurice Chevalier

차라리 죽었다면 좋았을 텐데.

진단 : 죽음에 대하여 걱정하는 것은 자연스러운 일이다. 우리는 종국에는 죽음을 맞이할 것이라는 것을 확실히 알고 있는 지구상의 유일한 종이다. 참으로 잔인한 농담이지 않는가. 때문에 죽음에 대한 징징거림은 주목을 얻는 방법으로는 아주 효과적인 방법이다. 이것은 그럴 필요가 있다고 당신이 생각하는 사람들에게 죄의식을 갖게 하는데 아주 효과적인 방법이다. 그것이 언젠가는 자신에게 반드시 되돌아올 일이기 때문에, 이런 징징거림을 그들이 무시하기는 쉽지 않다. 실제로 의심의 여지없이 그것은 항상 돌아온다. 다만 당신은 언제, 어떻게, 어디에서 올 것인지 모를 뿐이다. 늙고 죽어가고 있다는 것이 멍청하다는 것을 의미하지는 않는다. 대다수 노인들은 그들이 무엇을 하고 있는지 정확히 알고 있고, 이런

징징거림을 언제 사용해야하는지 잘 알고 있다. 특별히 죄 받아 마땅한 그들의 아이들에 대해서는 더더욱 그렇다.

죽는 것이 더 낫겠다.
제안 : "내가 원하는 무엇이라도 해치우기" 치료가 이런 징징거림에는 영약이다. 당신 또는 당신에게 일어나는 일에 대해 누구도 관심 갖지 않기에, 사람들의 시선 때문에 하지 못했던 당신이 진즉부터 하고 싶던 그런 일을 못할 이유가 이제는 모두 사라져 버린 것이다. 장난꾸러기처럼 살아라. 못된 장난을 해도 좋다. 과속을 해도 좋다. 마트 계산대에 있는 젊은 친구들에게 도발적인 농담도 던져 봐라. 어떤 것이라도 좋다. 죽음이 당신의 목을 내리 누르고 있다 하더라도, 당신이 진실로 하고 싶었던 일들이 무엇이든 그 일들을 해라. 그것이 얼마나 사소한 일이라 할지라도.

10. 불면증

불면증에 최고의 약은
지금이 일어날 시간이라고 최면을 거는 것이다.
— Yana Packard

잠을 잘 수가 없다.
진단 : 일부 노인들은 나이가 들수록 많아지는 공황장애 때문에 잠자는 데에 어려움을 겪기도 한다. 노인들은 일찍 일어나는 경향이 있기 때문에, 그들이 일찍 잠자리에 드는 것이 쉬울 것이라 생각하는 이들도 있겠지만, 실제로 잠자리에 드는 시간이 그들에게는 가장 어렵고 또 하루 중 가장 걱정스러운 시간이 되기도 한다. 당신의 시간이 얼마 남지 않았을 때, 남은 매 순간이 마지막 카운트다운의 일부가 된다. 마치 발사를 앞둔 우주선에서 발사시간이 얼마나 남았는지 모른 채 앉아 있는 사람처럼 잠들기가 쉽지 않은 것이다. 낮이건 밤이건 어느 때라도 때가 되면 자신을 드러낼 그 출발시간, 감당하기 어려운 법이다.

밤새 깨어 있었다.
제안 : "수면제와 함께 안녕히 주무세요" 치료가 불면으로 잠 못 드는 노인들을 위해 아주 훌륭한 처방이다. 요즈음은 부작용이 전혀 없는 양질의 밤잠을 만들어 주는 아주 기적 같은 약들이 있다. 물론 이 약은 의사의 처방을 받아야 구매할 수 있다. 내 경험에 따르면 남성에게 바이아그라같은 역할을 여성에게 만들어 주기도 한다. 매일 같이 나와 내 남편은 그 두 약에 대해서 신에게 감사하고 있을 정도이다.

징징거리는 노인들에게 요모조모 유용한 최고의 처방

"리스트 만들기" 치료

"징징거림 치료 없이 죽기"라는 책을 쓰면서 "징징거림"에 대해서 글을 쓰기 시작했다. 그 제목은 책으로 내기에는 아주 부적절하다는 내 멘토(mentor)의 말에 책의 출판을 포기했다. 죽음과 징징거림이라는 단어의 조합은 독서 시장으로는 극히 좁은, 주로 치명적인 질병을 가진 그런 사람들에게만 흥미를 유발할 것이라고 그가 충고했기 때문이다. 게다가 다소 유머러스한 책이 될 것이라 한정된 시장은 훨씬 더 작아질 수 있었을 것이다. 죽음, 자신의 죽음을 앞둔 사람들에게서 웃음을 찾는다는 것이 쉽지 않다는 것은 미루어 짐작하기 어렵지 않았다.

나는 또 다시 징징거림에 대해서 글을 쓰고 있다. 나는 이 책의 원래의 전제조건을 독자 여러분과 나누고 싶다. 당신이 누군든지 간에, 죽음에 대한 생각은 무서운 일이다. 우리들 대다수는 '우리에게 정말 그런 일이 일어날까' 라는 의문을 품고, 우리는, 모든 사람들은 결국 그것으로부터 피할 수 있을 거라는 바보 같은 희망을 품기도 한다. 우리들 중 다수는 겁먹고, 우리의 피할 수 없는 끝맺음에 대하여 징징거리는 경향이 있다. 내 이론은 부정적인 주제에 긍정적인 활력을 불어넣고자 함이다.

이런 치료들을 시작하기 위해서, 당신이 죽었을 때 당신이 다시는 하지 않아도 될 모든 것들에 대해서 생각해 봐라. 다소 무섭게 들릴 수도 있을 것이다. 그렇지만, 시도라도 해 봐라. 당신은 놀라지 않을 수 없을 것이다. 그 리스트가 얼마나 긴 리스트인지에 대해서 말이다. 오랫동안 줄서기, 시댁/처가 식구들과의 일들, 돈에 대하여 걱정하는 일 등등이 아주 인기 있는 항목들이다. 게다가 당신은 '죽음' 까지도 리스트에 포함시킬 수 있다. 한 번 죽은 후에 다시 죽을 일은 없을 테니까.

당신이 죽은 후에 당신이 더 이상 하지 않아도 되는 것 중 하나가 '삶' 이다. 그렇다. 더 이상 존재하지 않는 '삶' 은 문제가 되지 않는다. 많은 리스트들을 만들고 난 후에야, 그 이외의 다른 모든 것들도 역시 죽음 이후에는 전혀 문제가 되지 않는다는 것을 깨닫게 될 것이다.

세상 모든 근심, 삶 그리고 죽음에 관한 걱정들로부터 자유로워지면서, 당신이 지구에서 사라진다는 것의 본질적인 의미를 볼 준비가 된다는 것을 의미한다: 터널의 끝이 아니라 놀라운 탈출구라는 의미. 극한의 깜짝 파티, 마지막 모험이 될 것이다.

다시는 하지 않아도 되는 일들을 기록한 후부터, 그 재미있는 인생이 펼쳐진다. 아마 이제부터 당신은 그것들 대신에 당신이 할 일을 적을 수 있을 것이다. 당신이 정말로 하고 싶었던 일들, 그것도 지금 당장. 당신이 다양한 이유로 하지 않았던 또는 미뤄뒀던 그 모든 것들이 당신의 머릿속에 홍수처럼 쏟아질 것이다. 그것들을 새롭게 다시 기록함으로써, 그것들은 당신에게 새롭게 각인되고, 현실화될 것이다.

이런 모험은 당신의 삶의 안팎으로 흐르는 부정적인 에너지의 흐름을 멈추고 긍정적인 것으로 대체할 수 있도록 도울 것이다. 게다가 당신 자신 안에 있는 아이 같은 모습을 세상에 드러낼 것이다. 바보 같고, 재미있고, 때로는 무례하기도 한 그런 자신의 모습을 그대로 드러내면서 말이다. 갑자기, 당신의 머릿속에만 존재하던 것들이 현실화될 가능성을 갖게 될 것이다.

예를 들면, 내 남편은 조종사이고 항상 조종석에 앉아서 한 편의 긴 목록을 간직한 채 평생을 살아왔다. 그 목록은 그가 하늘로 올라가는 활주로의 마지막 출발점에 서기 전에 하고 싶은 모든 것들을 적은 목록이다. 당신 또한 그러한 목록을 가질 수 있다; 그리고 그것들이 반드시 당신 자신에 관한 것이어야만 할 이유는 없다.

내 남편은 86세가 된 내 오빠의 그 목록을 만드는 것을 돕기도 했다. 그들은 2차 세계대전 때 헤어졌던 오빠의 여자 친구를 찾기 위해서 브뤼셀(Brussels)로 모험을 떠났다. 이 탐험은 전쟁 이후로 한 번도 그녀의 소식을 들어본 적이 없었기 때문에 대단한 용기 없이는 시작하기 불가능한 일이었다. 그는 그녀의 이름과 그녀가 살았던 마을만을 기억하고 있었다. 무엇이 더 필요했을 것인가? 불가능한 꿈에 관해서라면, 이것만큼 큰 불가능은 찾기 쉽지 않을 것이다. 좋은 소식은 그들이 그녀를 찾았다는 것이다. 나쁜 소식은 그녀의 기억이 그다지 좋지 않아서, 그녀의 옛사랑을 기억하지 못했다는 점이다. 어쨌거나 오빠와 남편은 그 탐험을 완수했고, 또 새로운 추억을 만들어 냈다는 것이다.

여기에서의 목표는 마치 마지막 날인 것처럼 그 하루하루를 잘 사는 것이다. 그 목적은 떨쳐 버려야 할 것을 떨쳐 버리고, 당신의 삶을 웃음과 사랑으로 채울 수 있는 모든 것을 하는 것이다. 이제 당신이 끝내지 못한 일들을 할 시간이다. 화를 내도 좋고 모든 것을 다 쏟아 내어도 좋다. 당신 말고는 누구도 당신만의 소망 목록을 보지 않을 것이다. 중요한 것은 러닝머신의 좁은 울타리에서 벗어나서, 삶이라고 불리는 경이로운 놀이동산을 즐기기 시작하는 것이다.

더 이상 친절한 척, 착한 척 하지 않아도 된다는 점이 이것의 가장 좋은 점이다. 당신이 생각하는 것을 말해라. 당신이 원하는 것을 해라. 당신 삶이다. 당신 일이다. 이 치료는 60세 이후의 삶들에게 아주 효과적인 방법이다. 대다수의 사람들, 특히 당신 자녀들은 그것이 초기 치매증세라고 생각할 것이기 때문에, 오히려 당신은 어떤 것으로부터도 자유로울 수 있게 될 것이다. 그들은 당신이 입을 닫도록 하는 것에 동의하거나 당신을 무시할 것이다. 당신 또는 당신의 처가/시댁 식구들에게 윈―윈―윈(win-win-win)하는 상황이 될 것이다.

8장 여자

> **여자들의 징징거림 Top 10**
>
> 1. 몸무게
> 2. 헤어스타일
> 3. 가족들
> 4. 옷과 신발
> 5. 나이 드는 것
> 6. 휴대전화
> 7. 비행기 여행
> 8. 피로
> 9. 전쟁
> 10. 부인과병원

여자들이 배워야 하는 것은
누구도 당신에게 권능을 주지 않는다는 것이다:
당신이 바로 그걸 가지고 있다.
— Roseanne Barr

남성들과 동등해지기를 원하는 여성은 야망이 부족하다.
— Timothy Leary

여성들은 징징거리기 위해서 태어났다. 그것이 그들의 유전자이다. 여성들은 병원 분만실에서 태어나는 그 순간부터 그들의 어머니들에 의해서 징징거림에 대해 안내받는다. 이렇게 작고 사소한 일에 소란을 떠는 사람들은 그들이 집에 가서 그들의 일생동안 그들의 징징거림 기술을 완벽하게 마스터할 때까지 계속 징징거린다. 여자 아이들이 남자 아이들보다 좀더 일찍 징징거리기 시작한다. 남자들은 좀더 우월해 보이고 싶어하지만, 여성들은 항상 그들의 나이에 상관없이 항상 무엇보다 먼저 소통하기를 원하기 때문이다.

여성들은 하루에 약 7천 단어 이상을 말하고, 남자는 약 2천 단어 정도 사용한다고 한다. 누가 징징거릴 때 좀더 많은 시간을 가지고 있겠는가! 힘든 일이지만, 누군가는 해야 할 일이다. 여자에게 징징거림과 신발은, 남자에게 스포츠와 홈디포(Home Depot, 가정용 공구 및 집 인테리어 관련 제품 유통체인점)와 같은 것이다.

체중 감량이나 헤어스타일에 관한 징징거림은 대다수의 여자들에게 빙산의 일각에 불과하다. 요즈음 우리의 가장 큰 징징거림은 또는 징징거릴 수밖에 없는 일은, "제발, 제발, 전쟁과 살인을 멈춰라"이다. 여성들은 우리가 필요한 유일한 무기(arms)는 우리가 포옹할 때 사용하는 것들(arms) 뿐이라고 알고 있다.

1. 몸무게

식욕을 떨어뜨리기 위해서 당신은 어딜 가는가?
— Shelly Winters

난 너무 뚱뚱해.
진단: 몸무게는 모든 여성의 가장 큰 징징거림이고, 그 이유는 간단하다. 우리 문화와 미디어가 막대기처럼 마른 스타들만이 모든 것을 가진 사람들인 것처럼 묘사하면서 극도로 마른 여성들을 여성의 표준으로 만들어 왔기 때문이다. 많은 여성들이 그들이 체중을 줄일 수 있다면, 오랜 기간 괴롭힌 많은 문제들이 사라질 것이라고 생각한다. 이것은 분명히 잘못된 생각이다. 그렇다. 그들의 체중 문제는 사라질 것이다. 그러나 당신이 계획했던 것처럼 다른 문제들이 갑자기 획 사라지지 않는다면, 그 문제들은 오히려 더 크게 확대될 것이다. 확실히 나 역시 가벼운 것이 더 좋지만, 아니 마른 몸매까지 된다고 할지라도, 그것이 당신을 행복하게 만들 수는 없다.

몸무게가 줄어들지 않는다.

제안 : 몸무게에 대해 징징거리는 여자들을 위해, 내 개인적인 경험으로부터 온 "다이어트 중독 깨기" 치료를 추천한다. 내 인생의 절반 정도 동안 다이어트를 해 왔고 여전히 마술 알약 같은 것을 찾고 있기도 하다. 그러나 나는 내가 건강과 좋은 체형을 유지하는 것은 균형 잡힌, 영양 많은 신선한 식단이 유일한 방법이라는 것을 알고 있다. 다이어트 중독을 깨는 것이 그렇게 어려운 이유는 당신 자신이 스스로의 외형과 건강에 대해 책임지는 것이 두렵기 때문이다. 반대로 전문가 또는 약이 당신에게 뭔가 어떻게 해 줄 수 있다고 신뢰하는 것이 훨씬 더 쉬운 방법이기 때문이다. 그것이 실제로 제 역할을 하지 못한다 하더라도 말이다. 이 치료는 당신 자신의 몸에 대해 스스로 책임지도록 할 것이다. 그리고 이것을 통해 당신의 운명까지도 말이다. 이것이 숙녀 여러분에게 필요한 진짜 부적이다.

2. 헤어스타일

> 여성들은 남자들이 싫어하는
> '흐트러진 외양'을 고치려 위해 미용실에 간다.
> — Mignon McLaughlin

내 머리, 정말 싫다.

진단 : 진실은, 미용사들이 여자의 헤어스타일이 그녀의 백미라고 믿도록 미신을 만들었다는 것이다. 미신은 숱한 좌절을 몰고 온다. 미신의 힘은 머리가 망가진 날은 당신이 이미 시작한 일상적인 하루를 보내는 데에 최선을 다해도 '엉망이었던 날'로 생각하게 만든다. 당신 헤어스타일이 엉망이라면 그리고 아무런 변화도 줄 수 없는 상황이라면, 당신 삶의 모든 분야가 실패인 것처럼 느끼게 될 수도 있다. 당신의 헤어스타일이 당신의 기분에 영향을 미치고, 당신의 기분이 당신의 징징거림에 노출되는 거리에 있는 사람들에게마저 영향을 미친다. 미신은 자신과 타인을 불편하게 한다.

어떻게 해도 나아지질 않아.

제안 : "좋은 미용사 찾기" 치료가 당신의 헤어스타일 망가진 날을 위한 해결책이다. 당신이, 그 또는 그녀를 찾았을 때, 결코 이 마술 같은 미용사를 떠나 보내지 마라. 난 지금까지 내 미용사 폴(Paul)과 함께 30년간을 지내 왔다. 내가 런던에 살 때, 머리를 하기 위해 한 달에 한 번씩 L.A.의 집을 방문하곤 했다. 그 당시에는 마치 내 가족 문제들 때문에 오는 것처럼 꾸며댔지만 사실은 머리 때문이었다. 사실 내 미용사는 내 치료사이기도 하다. 그는 내 모든 비밀을 알고 있다. 너무 잘 알기 때문에, 내 딸이 종종 그에게 가서 나를 어떻게 대해야 하는지 물으러 가기도 한다.

3. 가족들

그들의 가족이고 그들 가족의 가족들이지만,
대다수의 가족들은
다른 누군가의 가족들만큼 서로를 힘들게 만든다.
— January Jones

그들이 날 미치게 한다.

진단 : 대부분의 여성들은 그들의 가족들에 대해서 징징거린다. 왜? 그들은 그렇게 할 수 있고 또 그게 기분을 좀더 좋게 만들기 때문이다. 가족들은 징징거리지 않고는 못 배기는 사람들에게 대단히 훌륭한 먹이감들이다. 그것이 부모님이건, 형제들이건, 배우자건, 아이들 또는 시댁 식구들이건, 당신을 미치게 만드는 행동들이 항상 있기 마련이다. 가족에 대해서 징징거림은 특별히 좋은 일들을 만들지는 않지만, 무언가를 하고 있다고 생각하게 해서 당신이 힘을 내도록 독려하기는 한다. 당신이 사랑하는 사람들이, 당신이 정말 미워하도록 만드는 바로 그 사람들이라는 사실이 놀랍지 않은가!

난 더 이상 참을 수가 없다.

제안 : "무시하기" 치료가 당신이 그들이 변화하지 않고는 못 배기도록 만드는 방법이다. 당신 가족에 대하여 들어 줄 누군가에게 징징거리거나 불평하는 것 대신에, 마치 그들이 아예 존재하지 않는 것처럼 행동하려고 시도해 봐라. 당신이 항상 마주 대하는 사람이라면 특별히 더 어려운 일이 될 수도 있다. 당신이 그 다툼 위에 올라 설 수 있다면, 그것은 당신에게 새로운 관점으로 그들을 볼 수 있을 것이다. 이 치료는 그들 중 누구도 무시당하고 있다는 것을 인식하지 못한다면 부작용이 있을 수도 있다. 그리고 그들이 무관심의 대상이 되는 것에 대하여 행복하고 만족감을 표시한다면, 그 때는 그만해야 할 시점이 온 것을 깨달아야 한다.

4. 옷과 신발

> 수영복을 구매하는 것은
> 시어머니와 점심 식사하는 것보다 더 힘들다.
> — 익명의 며느리

내가 좋아하는 것을 찾을 수가 없다.

진단 : 의상 문제는 항상 어떤 여자에게라도 까다로운 일이다. 당신은 입을 옷이 너무 없다고 생각하는 반면, 당신 남편은 당신이 너무 많이 가지고 있다고 생각한다. 옷과 신발을 사는 것은 우리 기분을 너무 좋게 만들기 때문에 많은 여성들에게 중독성이 아주 강하다. 하루가 다르게 변화하는 스타일과 트렌드를 따라잡기란 쉬운 일이 아니고, 아니 비슷하게만 맞추는 것도 어려운 일이다. 당신이 어떤 상황에도 대처할 만큼 충분한 옷을 가지고 있을 때라도—도대체 어떤 여성들이 그렇게 생각할까만은—여전히 특별한 자리를 위해 새로운 어떤 것을 사야겠다고 생각할 것이다. 그리고 옷을 사러 나갔을 때, 당신은 적절한 것을 찾을 수가 없을 것이다. 그러나 당신이 그냥 둘러보기만 하려 할 때에는, 당신은 모든 것을 사고

싶어 할 것이다. 이것이 당신이 그다지 필요하지도 않고, 입고 싶지도 않는 그런 옷들을 사 모으는 힘이다.

나한테 어울리는 옷을 찾을 수가 없다.
제안 : "포기할 때까지 쇼핑하기" 치료가 나한테는 효과가 있었다. 섹시하거나, 환상적인 신발 또는 나에게 꼭 맞는 좋은 옷 한 벌보다 기분을 좋게 만들 수 있는 것은 없다. 여자는 적당한 가격에 적절한 물건을 찾을 때 아드레날린이 즉시 분출하도록, 그렇게 창조된 피조물임이 틀림없다. 그러나 때때로, 당신이 구매 여력이 없음에도 불구하고 지름신이 강림하는 경우들도 종종 있기 마련이다. 나는 심지어 남편 몰래 산 엄청난 물건들을 침대 밑에 몰래 숨기는 여자들도 몇몇 알고 있다.

5. 나이 드는 것

> 모든 소녀는 세월이 그것을 앗아가기 전에
> 자연이 준 여성의 아름다움이라는 선물을 사용해야 한다.
> — Laurence J. Peter

나는 점점 늙어간다.

진단 : 나이 먹는 것에 대한 징징거림은 에덴동산의 황금 연못에서 이브가 그녀의 얼굴을 비춰본 이래로 쭉 지속돼 온 일이다. 나이를 먹는다는 것은 우리가 운명적으로 죽음을 맞이할 것이라는 것을 상기시켜 주는 일이다. 지구에서의 당신의 삶이 잘 풀리지 않아 고생의 흔적이 당신의 얼굴에 주름과 어두운 그늘이 꾸밈없이 나타날 때, 더 우울한 일이다. 나이 먹는 것에 대해서 당신을 아주 기분 좋게 하는 기적 같은 크림이나 약물은 존재하지 않는다. 당신은 점점 더 늙는 것이 아니라 점점 더 좋아지고 있다는 신화 같은 이야기는, 나이 먹는 것에 대해서 스스로 위로하기 위해서 옛 사람들이 만들어낸 것에 불과하다.

말린 자두처럼 쭈글쭈글하다.

제안 : "거울 깨기" 치료가 내 조사에 참가한 사람들 중 한 명으로부터 제안되었다. 점점 늙어가는 느낌이 든다면, 즉시 지 거울을 그만 보라고 그녀는 현명한 제안을 했다. 나는 의지가 부족하기 때문에, 차라리 거울을 깨는 것이 훨씬 더 쉬운 일이라고 생각했다. 당신이 미신을 믿고, 7년간의 불운(깨진 거울은 7년 간 불운을 준다는 미신)을 피하고 싶다면, 당신이 미리 그 거울들을 사전에 제거해 버리면 될 것이다. 거울이 없다면 삶이 얼마나 쉬워질 것인지 생각해 봐라. 머리를 빗을 필요도, 립스틱을 점검할 필요도 없다. 주름도 불거진 혹도 처진 얼굴도 볼 수 없을 것이고 그리고 마침내 가방도 필요 없게 된다.

6. 휴대전화

> 나는 내 무릎으로 운전한다. 그렇지 않으면,
> 내가 어떻게 립스틱을 바르고 전화를 할 수 있겠는가?
> — *Sharon Stone*

휴대전화를 찾을 수가 없다.
진단 : 처음 휴대전화를 샀을 때, 나는 비상상황이나 내 사랑하는 가족들을 위해서 필요한 것이라고만 생각했고, 자주 사용하지는 않을 것이라 생각했다. 내 휴대전화가 가족과 친구들을 한결같이 이어주는 생명선이 될 것을 나는 생각조차 못했다. 내가 인정하는 것보다 훨씬 더 많은 경우인데, 내가 그것을 어디 뒀는지 잊어버렸을 때, 나는 자동적으로 격한 징징거림을 풀어놓는다. 휴대전화 소리나 진동이 꺼져 있기라도 한다면, 내 자신이 내 목소리를 다시는 듣고 싶지 않을 정도의 그런 톤으로 응급상황이라도 터진 것처럼... 나는 그걸 어디에 뒀는지 찾으러 전화를 할 수도 없고, 거의 넋을 놓게 만들기도 한다. 편하자고 산 문명의 이기가 내 정신 생활을 불편하게 하는 꼴이다.

그거 어디 뒀는지 알아요?

제안 : "절대 꺼두지 않기" 치료가 잃어버린 휴대전화의 미스터리를 풀어 줄 것이다. 이 방법으로, 당신은 항상 휴대전화를 찾을 수 있고, 차 시트 밑이나 때로는 거품목욕 욕조 옆에서도 찾을 수 있다. 이제는 휴대전화가 거의 사람들에게 신체의 일부가 된 것처럼 친밀하기 때문에 휴대전화 분실에 대한 징징거림은 다소 타당한 이유라고 할 수 있다. 휴대전화가 없을 때, 우리는 잊혀진 또는 버려진 느낌을 받는다. 내가 그것을 잃어버렸을 때를 제외하고는 나는 휴대전화를 매일 밤 충분하게 충전시키곤 한다. 그리고 나서는 찾느라고 난리를 치며 모든 곳을 돌아다닌다. 심지어는 냉장고까지 뒤진다. 넘쳐나는 일에 피곤해 지친 사람들이라도, 휴대전화를 잃어버렸다면 휴식 시간은 없다.

7. 비행기 여행

> 비행기에 관한 내 느낌은 다이어트에 대해 느끼는 것과 같다.
> 다른 사람들이 사용하기에는 아주 환상적인 것들처럼 보인다.
> — Jean Kerr

나는 비행이 싫다!

진단 : 나는 비행에 관해서 징징거린다. 나는 적어도 이 분야에서는 징징거릴 자격이 있다. 왜냐하면 내 첫 번째 남편이 비행기 사고로 죽었기 때문이다. 현실 세계에서는 많은 여성들은 비행 중 깜짝 놀라는 일들이 있기 때문에 징징거린다. 또한 빛의 속도로 불타는 금속의 뒤틀린 조각 안에서 땅으로 휙 내달리는 것은 죽음에 이르는 그다지 행복한 방식은 아닌 것 같다. 여자들은 비행이 통계적으로 운전보다 더 안전하다는 것을 알만큼 충분히 똑똑하고 실용적인 성향들을 가지고 있다. 그렇지만 자신의 생명이 걸려 있을 때 누가 실용적이 될 수 있는지 난 묻고 싶다.

어떻게 이런 게 떠다닐 수 있지?

제안 : "약간 취하기" 치료는 당신의 비행에 대한 두려움을 정복할 것이라고 내가 장담한다. 비행 동안 잠시 조용히 쓰러져 잘 수 있을 정도로 취할 정도면 충분하다. 이것은 "술 용기"라고 불리고, 수면제나 다른 강한 항우울제 알약의 형태로 올 수도 있다. 깨어날 때 숙취가 올 수도 있지만, 당신은 여전히 살아 있을 것이다. 가장 좋은 점은 당신은 탑승의 고문에 대해 아무런 기억이 없다는 점이다. 다만, 당신의 헤어스타일과 화장은 다소 보충이 필요할 지도 모르지만 말이다.

8. 피로

> 나는 한 번에 하루씩만 상대하고 싶다.
> 하지만, 때때로 여러 날들이 한꺼번에 나를 공격하기도 한다.
> — *Jennifer Yane*

나는 녹초가 됐다.
진단 : 여성들에게, 피곤함에 대한 징징거림은 숨 쉬는 것만큼이나 평범한 일이다. 특히 맞벌이 젊은 엄마들에게 더욱 그렇다. 그들은 사무실에서 일을 하고, 집으로 돌아와서는 또다시 그들의 아주아주 큰일인 가족을 부양하는 일을 한다. 두 개의 전업을 갖는 누구에게라도 하루는 충분한 시간이 될 수 없다. 월급이 인상되는 폭보다 훨씬 더 높이 끝없이 오르는 생활비로 인해, 젊든 늙었든 너무나 많은 여성들이 이렇게 살아가는 방식을 강요받고 있다.

피곤해서 움직일 수가 없다.
제안 : "자기 자신에게 보조 맞추기" 치료가 당신의 피로에

태클을 걸 수 있는 최고의 방법이다. 천천히 하려고 노력하고, 한 번에 하나씩만 하도록 해라. 한꺼번에 여러 가지를 하는 것은 대가를 치르기 마련이다. 당신의 일일 작업의 양을 나누는 것이 절대적으로 필요하다는 것을 기억해라. 집에서의 일부 허드렛일은 남편이 할 때까지 기다릴 수 있고, 그래야 한다. 또 다른 접근 방법은 이런 시스템을 뒤집고 허드렛일에 수면을 포함시켜라. 그것 역시 배우자와 분배돼야 한다. 쓰레기를 버리러 가면서도 장미 향기를 맡는 여유를 찾을 필요가 있다. 당신이 자고 있을 때 배우자가 침대를 정리한다고 나쁠 건 없다. 가능한 방식으로 일을 나누는 것이 중요하다.

9. 전쟁

> 대다수의 여성들은 소통하기를 원하는 반면,
> 다수의 남성들은 지배하기를 원한다.
> — Mari Jonassen

왜 이런 일이 벌어지나?

진단 : 전쟁은 부자를 더더욱 부자로 만들기 위해서 창조된 것이라고 나는 믿는다. 모든 전쟁 중에 큰돈이 오간다는 것에 대해서 누구도 부인할 수 없다. 그리고 오직 선택된 일부만이 돈을 번다. 우리는 모두 신의 자녀들이기 때문에 실제로는 국가 간의 전쟁이 아니라, 시민전쟁, 내전이라 할 수 있다. 우리 아이들을 죽음으로 보내는 것은 도저히 허용할 수 없는 일이기 때문에 여성들은 전쟁을 끝내야 한다고 징징거린다. 이해하기 어려운 현실이다. 어떤 어머니나 할머니도 이해할 수 없는 일이다. 더 기막힌 것은, 전쟁에 자신의 젊은 아이들을 보내는 사람들이 그들의 할아버지, 아버지들이기 때문일 것이다.

어떻게 전쟁을 멈출 수 있을까?

제안 : 이 구체적인 징징거림을 위해 "전쟁 반대" 치료를 제안한다. 두 가지를 모두 해야 한다. 이것은 이길 수 없는 전쟁에 우리 아이들을 사용하는 사람들에 대항하는 한편, 그 군인들을 뒤에서 돌보는 것도 필요하다. 베트남 퇴역 군인들의 말을 들어보고 대화를 하는 것들 말이다. 나는 국기가 늘어진 관 뒤로 걸어본 적이 있고, 남편을 잃는 그 고통을 안다. 나는 아이를 잃는 것이 무엇과 같은 것인지 얼마나 큰 슬픔일지 상상조차도 할 수 없다. 난 지나치게 정치적이고 싶지는 않지만, 당신이 동의하건 아니건, 이런 것들은 반드시 말해야만 한다. "전쟁을 멈춰라!" 그렇다, 우리 모두 말해야 한다.

10. 부인과병원

> 부인과 남자의사는 차를 한 번도 가져보지 못한
> 자동차 기술자와 같은 사람이다.
> — Carrie Snow

그곳은 정말 싫어.

진단: 부인과에 가는 것은 모든 여성들이 싫어하는 것이다. 그렇게 은밀한 곳에서, 그렇게 은밀한 방식으로 검사를 받는 것은 별로 재미있는 일은 아니다. 이런 절차는 특별히 부인과 의사가 남자일 때 더 언짢을 수 있다. 이것이 성차별적으로 들릴 수도 있다는 걸 알고 있지만, 수년간 이 주제에 대해서 수 백 명과 이야기해 본 후에 내린 결론은 여성들이 대다수 이렇게 느낀다는 점이다. 아프고, 차갑고, 기분이 별로인 유방 X선 촬영보다는 차라리 치과에 가는 것이 훨씬 나을 수도 있다. 하지만 다른 한편으로 출산이야말로 이 모든 것을 누를 수 있는 위대한 것이다.

정~말 가고 싶지 않아.

제안 : 이런 징징거림을 극복하는 데에는 "여성 의사 고르기" 치료가 좋다. 다시 한 번 이 주제에 대해서 성차별주의자처럼 들리는 위험을 무릅쓰고, 말하자면 이런 검사들은 여자와 함께 하는 것이 훨씬 쉽다. 다른 무엇보다, 훨씬 편하다. 그 여성 의사도 이런 일을 함께 겪어야 한다는 점을 아는 것이 어떻든 나에게 좀더 인내심을 부여하게 된다. 당신과 기질이 맞는 사람이 당신의 가슴을 세게 치거나 문지르도록 할 때 훨씬 더 편하지 않겠는가!

징징거리는 여자들에게 요모조모 유용한 최고의 처방

"Jackie Kennedy 극복하기" 치료

여자는 하루에 7천 단어 이상을 말하고, 남자는 약 2천 단어 정도 말한다고 한다. 난 이 통계에 항상 놀라곤 한다. 누가 더 잘 징징거릴 것인지 추측하는 것은 어렵지 않은 일이지 않은가? 봐라, 결국 나만이 성차별주의자가 아니었던 셈이다!

　내 생각에, 우리 세대 여성들의 곤궁함과 징징거림의 대부분은 재클린 케네디(Jackie Kennedy)에게서 비롯된 것 같다. 그녀는 우리가 경쟁하려고 노력하고 동시에 존경했던 훌륭한 영부인이었다. 우리들 대다수에게는 불행하게도, 그녀는 우리들 중 누구도 닿을 수 없는 우상이었다. 그녀는 우리가 오직 꿈만 꿀 수 있었던 환상적인 삶을 살았다. 그녀의 비극조차도 훌륭했다. 그는 세상에서 가장 강력한 두 명의 남자와 결혼했을 뿐만 아니라, 세계적 수준의 소비자였다. 남편의 돈을 쓰는 것에 관해서 책을 쓰기도 했다.

　당신의 여성적인 징징거림을 완전히 극복하기 위해서, 당신은 재클린을 극복하고, 현실 사회의 여성의 관점에서 생각하기 시작해라. 예를 들면 엘리너(Eleanor, 프랭클린 루즈벨트 대통령 부인), 콘돌라스 라이스(Condoleezza, 전 국무장관) 그리고 힐러리(Hillary, 현 국무장관) 같은 여성들 말이다. 당신이 그들의 정치적 이념에 동의하지 않을지도 모른다. 그러나 그들의 지성이 그들의 아름다움을 훨씬 능가한다는 것에는 동의할 것이다. 진짜 우리가 되기 위해서, 우리는 환상의 공주가 아니라 우리 같은, 진짜 여성들과 정체성을 비교해야 한다.

9장 남자

남자들의 징징거림 Top 10

1. 돈
2. 직업과 직장 상사
3. 응원팀의 패배
4. 세금과 정치
5. 케이블 TV
6. 노화와 건강
7. 쇼핑가기
8. 기름값
9. 아내와 아이들
10. 장모

남자 없는 세상을 상상한다면?
범죄 없고, 전쟁도 없고, ESPN도 없는 세상!
— *January Jones*

지금은 남자의 세상이다. 그런데 남자들은 그것을 가질 수 없다.
— *Katherine Anne Porter*

　그들의 나이와 상관없이 모든 남성은 모두 똑같은 것들에 대해 징징거린다. 남자 없는 세상을 상상할 수 있을까? 파워 레인저도, 레슬링도, 전쟁도 그리고 ESPN도 없을 것이다. 황금을 만들던 사람이 규칙을 정하던 때가 있었다. 그러나 지금은 황금을 만드는 사람이 TV리모컨을 차지한다.

　스포츠에 대한 징징거림에 관해서 말하자면, 큰 경기에서 이기느냐 지느냐의 문제가 아니라, 누구를 탓할 것인가의 문제이다. 내 남편은 응원팀이 이기거나 지거나 상관없이 징징거린다. 이기면 큰 점수 차이로 만족스럽게 이기지 못했다고 징징거린다. 경기에서 지면, 특히 결승전에서라면, "어떻게 이런 일!"라며 징징거린다. 항상 준우승만을 차지하는 오하이오 주의 미식축구팀 Buckeye의 열혈팬이라는 것도 별로 도움이 되질 못한다.

　남성들에게 징징거림은 그 끔찍한 "F"로 시작하는 단어를 금새 떠올리게 하기 때문에 어려운 문제다. 내가 생각하고 있을 것이라고 당신이 추측하고 있는 "F" 단어와 내가 생각하고 있는 "F" 단어는 다르다. 모든 살아 있는 남성들의 특징은 그들의 감정(Feeling)을 표현하는 것보다 스포츠에 대하여 이야기하는 것을 훨씬 즐긴다는 점이다. 당신이 둥근 타이어(Tires)들을 가지고 있거나 둥근 고환(Testicles)을 갖고 있다면, 당신은 항상 그것 때문에 문제를 겪을 것이라는 점이다.

1. 돈

> 돈이 전부는 아니다.
> 하지만, 그것은 다음에 무엇이 올 것인지를 이끄는 통로다.
> — Edmund Stockdale

넉넉한 때가 없다.

진단 : 생활물가 인플레이션을 따라잡는 것은 항상 어려운 일이다. 전통적으로 집안의 재정적 안정성은 남자의 책임이었다. 오늘날의 현대 남성은 그들의 양성평등을 향한 의지에도 불구하고, 그 자신의 역할을 스스로 집안의 가장으로 여기고 싶어하는 그 애착을 가지고 있다. 그것은 아내들이 밖에서 직장을 갖지 않던 시대의 남자들로부터 흘러내려온 유산 같은 것이다. 이제 우리들이 그들과 같은 자리에서 함께 있는 지금은, 생계유지에 대한 부담에 대해 징징거리는 것은 끝이 없을 거라는 것을 우리는 알고 있다.

이자만 겨우 메꾸면서 살고 있다.

제안 : "맞벌이" 치료가 가정을 위해 건강한 재정적 결론을 만들려고 노력하는 남자들의 외형에 큰 변화를 만들어 낼 수 있다. 불행하게도, 직장 여성은 동시에 두 장소에 머물 수 없다. 그래서 아이들이 그 대가를 치러야 하기도 한다. 아이들을 키울 때 일을 나누는 것 말고는 특별히 다른 해결책은 없다. 다른 한편, 솔로로 지내기로 선택한 남성들에게 돈은 그렇게 큰 문제가 아니다. 그들은 알아보기 쉬운 존재들이다. 마치 그들은 이 세상에 대하여 아무런 관심도 없는 듯 그런 태도이며, 항상 행복해 보인다. 그들의 유일한 관심은 누가 슈퍼볼에서 이길 것인가이다.

2. 직업과 직장 상사

> 차라리 다른 일을 하는 게 낫겠다 싶은 생각이 들게
> 만드는 것이 '직업' 이다.
> — James Matthew Barrie

쥐꼬리 월급에 죽어라 일한다.

진단 : 모든 남자들은 자신들이 하고 싶은 일을 하면서 많은 돈을 받는 그런 직업을 꿈꾼다. 또한 대통령 집무실에서의 빌 클린턴처럼 재미있고 사랑스러운 그런 상사를 갖는 꿈을 꾸기도 한다. 불행하게도, 그런 일은 거의 벌어지지 않는다. 대다수의 남자들은 덜떨어진 상사와 함께 어느 곳엔가 갇혀 버린 느낌으로 직장에서 버둥거린다. 모든 책임감을 떠안고 일을 하고 있을 때, 변화를 추구하는 것은 쉽지 않은 법이다. 관성이 그들을 짓누르기 때문이다. 그들은 정착하거나 자멸하기도 한다. 전자는 훨씬 깔끔하고 다른 이들에게 큰 해가 없다. 물론 그들은 그러한 자기와의 타협을 만들면서 스스로에 대해서 자책할지 모르지만 말이다.

그들은 나를 봉으로 여긴다.

제안 : "꿈의 직업" 치료가 고통스러운 직업과 직장 상사와 관련된 고통을 다룰 수 있다. 처음 시작부터, 자신이 하고 싶은 일을 할 수 있는 직업을 갖도록 최선을 다해라. 때때로 당신이 좋아하는 직장 상사를 찾을 수 있을지도 모른다. 당신이 가장 좋아하는 일을 찾아라. 그리고 그 일에 매진해라. 아직 그것을 찾지 못했다면, 계속해서 노력해라. 쉽지는 않다. 만약 성공한다면, 당신의 직장에서의 행복이 당신의 아내와 아이들, 당신의 개에게까지 미치는 모든 종류의 긍정적인 혜택에 대해, 당신에게 모두 감사할 것이다.

3. 응원팀의 패배

> 한 시즌에서 우승하는 것은 어렵다.
> 하지만 한 게임을 지는 것이 내겐 더 힘들다.
> — Chuck Tanner

어떻게 질 수가 있나?

진단 : 많은 남자들이 자신이 좋아하는 팀을 열정적으로 응원하고 그들에 환호한다. 시즌이 시작되면 그들은 모두 광적으로 변한다. 그들은 그들의 대학팀 또는 고향팀에 대해 믿을 수 없을 정도로 충성도가 높다. 매년, 그들은 올해 반드시 그들이 우승할 것이라고 믿는다. 내 남편은 오하이오 미식축구팀(만년 2위 팀)의 광팬이다. 무슨 말이 더 필요하겠는가? 내가 미시간(오하이오의 라이벌)에서 태어났음에도 나와 결혼했다는 사실이 놀라울 따름이다. 그가 가장 좋아하는 응원 문구는 "미시간 꺼져라"이다.

감독을 바꿔야 해!

제안 : "다음 시즌" 치료가 성적이 안 좋은 시즌에 대한 유일한 만족스럽고 희망적인 답이 될 것이다. 시즌이 아닌 기간 동안에는, 남자들은 내년에 우승할 것이라는 꿈을 꾸면서 일상을 탈출할 수 있다. 내 남편은 순위가 발표되는 날만을 기다리며 살아간다. 그에게는 일 년 중 가장 중요한 날이다. 결혼식에서 "어떤 운명이 닥쳐올지라도(for better or worse)"라고 내가 말했을 때, 나는 만년 2위의 오하이오 미식축구팀을 포함해서 맹세하고 있다는 것을 몰랐다.

4. 세금과 정치

> 그들은 여자들이 말이 많다고 투덜댄다.
> 당신이 의사당에서 일한다면,
> 필리버스터는 남자들에 의해 발명되었다는
> 것을 알게 될 것이다.
> — Clare Booth Luce

> 미국은 세금을 피하기 위해서 설립된 세금의 나라이다.
> — Laurence J. Peters

그놈들 아주 몹쓸 놈들이다.

진단 : 남자들은 그들이 할 수 있다고 생각하기 때문에 정치와 세금에 대하여 불평하는 것을 아주 좋아한다. 정치를 하기 위해서 선거에 뛰어드는 것은 우선 제쳐두고, 불평하는 것 이외에 그들 스스로 뭔가 변화를 위해 할 수 있는 것이 많지 않다는 것을 그들은 잘 알고 있다. 그들의 응원팀이 큰 게임에서 지고 있다는 것에 대해 생각하고 싶지 않을 때, 뭔가 불평할 꺼리들이 필요하다. 스포츠 다음으로, 남자들이 가장 많이 안다고 느끼는 주제가 세금과 정치이다.

그놈들 모두 사기꾼이다.

제안 : "잊어버리기" 치료가 그들이 고칠 수 없는 것에 대하

여 징징거림은 의미 없는 일이란 것을 상기시켜 줄 것이다. 실제로 중요한 것들에 대하여 징징거리는 것이 중요하다. 그들이 실제로 무언가를 할 수 있는 것들에 대해서 말이다. 예를 들면, 자기들이 좋아하는 미식축구팀을 위해서 환호하는 것 또는 보스턴에 살고 있다면 야구가 그들이 좋아하는 팀이 될 수도 있을 것이다. 그게 별로 효과가 없다면, 차라리 골프 채널을 보는 것도 괜찮은 방법이다.

5. 케이블 TV

> 오늘날, TV를 본다는 것은 싸움, 폭력
> 그리고 모욕적인 언사를 의미한다.
> 다른 말로 리모콘의 소유권을 정하는 일이다.
> — Donna Gephart

안 돼, 지금은 안 돼!

진단: 내 남편의 삶 중 최악의 날은 오하이오와 미시건 미식축구 게임을 몇 초 남겨 두고 케이블 TV가 꺼졌을 때였다. 그는 재빠르게 오하이오에 전화를 걸어서 그의 조카들로부터 중계를 들었기 때문에 완전히 절망적인 것은 아니었다. 이런 상황에서만 재간과 재빠른 기지로 위기상황을 대처하는 남자였다. 그 두 가지는 모두 그의 여러모로 편리한 두 가지 직업에서 온 것이다. 하나는 비행기 조종하기, 다른 하나는 오하이오 응원하기.

참을 만큼 참았다.

제안: "TiVo(디지털 비디오 녹화기)" 치료가 확실하다. 이것은 그

들이 절대로 놓쳐서는 안 되는 그리고 광고 없이 보고 싶어하는 모든 스포츠 이벤트들을 디지털로 녹화가 가능하도록 한다. 그들은 광고에 의해서 방해받지 않아서 행복할뿐만 아니라, 그들이 아내 또는/그리고 가족들과 시간을 보내야 하는 시간을 적게 희생하면서 볼 수 있기 때문에 좋다. 이 치료는 남자가 팀이 이기는 것을 자꾸 반복해서 보는 것을 원할 때도 더할 나위없이 아주 효과적이다. 팀이 패배한다면 그것들은 쉽게 삭제되고 리모컨 클릭 한 번으로 잊혀질 수 있다. 남자에게 리모컨은 여자에게 신발과 같은 것이다. 남자와 여자 모두가 각각 리모컨과 신발 없이는 살 수 없다.

6. 노화와 건강

> 운동광들은 아무 것도 아닌 병으로
> 병원에 누워 천천히 죽어갈 때, 허무함을 느낄 것이다.
> — Redd Foxx

늙어가는 내 꼴 참 가관이군.

진단 : 남자들은 나이 드는 것에 대해 여자보다 더 싫어하면 싫어했지, 덜 하지 않는다. 그 이유는 노화가 멋진 운동선수처럼 살고 싶은 그들의 환상을 깨버리기 때문이다. 일주일에 5일을 책상 뒤에 앉아 있을지라도, 그들은 구기 경기에 대한 욕구를 절대 버리지 않는다. 내 남편의 경우를 보자. 내 남편은 노인 야구 경기와 테니스 경기를 한다. 그리고 그의 친구들과 골프 경기를 한다. 그에게 좋은 날은 하루에 네 게임이 모두 있는 날이다. 아침 일찍 성관계로 시작해서, 아침 식사 후에 노인 야구, 정오에는 테니스 리그, 저녁에는 골프로 끝마치는 코스가 그것이다. 이런 성과 스포츠 중독은 남자들이 절대 벗어날 수 없는 것이다. 이런 중독을 말리려는 행위들은, 실제로는 저평가됐지만 남자들의 징징거림이 예술적 경

지에 이를 만큼 대단하다는 것을 깨닫는 계기가 될 것이다.

이제 더 이상 젊음은 없다

제안 : "운동장" 치료가 내가 볼 때 가장 효과적인 방법이다. 전혀 싸울 필요 없다. 그들은 경쟁에 대한 욕구를 절대 버리지 않는다. 이것은 건강에 좋은 일이다. 사용하지 않으면 퇴화되기 마련이라는 것을 누구나 다 알고 있다. 경기장에서 남자들이 그들의 생생한 에너지를 사용하며 마치 작은 무법자처럼 경쟁하며 뛰는 것은 하면 할수록 좋다. 그리고 그것이 건강한 다이어트나 철저한 운동 계획으로 방향 전환도 가능하다. 노인들의 운동의 결과는 반드시 따라오게 되어 있다. 대다수의 여성들이 알듯이, 이 치료는 단지 스포츠만을 언급하는 것은 아니다.

7. 쇼핑가기

> 여성들이 우울해 할 때, 그들은 먹거나 쇼핑을 간다.
> 남성들은 다른 나라를 침략한다.
> 완전히 다른 사고방식이다.
> — Elayne Boosler

꼭 가야만 하나?

진단 : 일반적으로 남자들은 그들의 '운동 직업(지나친 스포츠 팀 응원을 비꼬는 뜻에서)'에 관련된 것이 아니라면 어떤 것이라도 쇼핑하는 것을 싫어한다. 홈디포(Home Depot)가 아닌 바에야, 남편과 함께 쇼핑하러 가는 것은 거의 불가능에 가까운 일이다. 이런 이유로, 유행에 민감한 사람들에게 내 남편은 항상 주요 공격대상이 되곤 한다. 그럼에도 불구하고, 내 남편은 옷 사러 가기보단 차라리 치과에 가겠다고 한다. 내가 그와 함께 어디 여행이라고 가고 싶다면, 그의 여행용 옷을 사야 할 뿐만 아니라, 매일같이 무엇을 입으라고 말을 해줘야 할 지경이다. 불행 중 다행인 것은, 그가 내 취향을 좋아한다는 것이다.

내일 가면 안 될까?

제안 : "불평 그만 해라" 치료가 당신이 사오는 것들을 좋아하지도 않고, 쇼핑을 하는 것도 싫어하는 남자들을 위해 좋은 방법이다. 내 남편은 거의 불평을 하지 않는 편이지만, 가끔 할 때에 나는 이런 고전적인 방식을 사용한다. "그게 싫으면, 당신이 알아서 하세요." 이것이 남자들이 불평하는 대부분의 것들에 대해 어김없이 돌려주는 답변이다. 그의 의상에 쓰이는 돈에 관해서 그는 그것들이 전부 쓸모없는 일이라고 생각한다. 오직 그 의상들이 그들의 위대한 '운동선수' 로서의 외모, 느낌, 잠재력 또는 효용성을 향상시킬 수 있는 옷과 장비에 한해서만 '쓸모 있다' 고 생각한다.

8. 기름값

> 휘발유보다 맥주가 더 싸다.
> — *Lief Jonassen, III*

말도 안 돼!.

진단: 사실이다. 기름값은 말도 안 되게 올랐고, 매 시간마다 점점 더 말이 안 되게 오르고 있다. 남자들에게 이 문제는 지극히 기분 나쁜 문제이다. 그들은 정유회사와 워싱턴에 있는 그 권력자들에 의해 조종당하고 있다는 느낌을 받는다. 선거가 있는 해마다 기름값이 뻔히 들여다보일 정도로 조종 받고 있다고 생각할 때, 남자들은 더욱 불안해 한다. 남자들에게 자동차의 존재란, 그들의 아주 중요한 소유물이기 때문에 더욱 더 기름값에 크게 반응하고 민감할 수밖에 없다. 일부 남자들은 할 수만 있다면 차 안에서 살 수도 있을 것이다. 그 치솟는 기름값을 댈 여유가 없다고 할지라도 말이다.

오늘은 또 뭔 핑계로 올리는 거야?

제안 : "하이브리드 차" 치료가 기름값 인상에 반대하는 행동의 구체적인 표현일 뿐만 아니라, 동시에 환경을 구하는 길이기도 하다. 이것은 기분까지 좋아지는 방법이기도 하다. 하이브리드 차의 소유권은 남자들을 정유회사에 대항하고 동시에 의로운 선지자처럼 만들 수 있기 때문이다. 남자는 쉽게 그가 불가능한 싸움을 하고 있는 "The Man of La Mancha(돈키호테)"가 되는 환상에 쉽게 빠진다. 그들이 이기지 못할지라도, 이것은 아내와 싸우는 것보다 훨씬 그들이 선호하는 싸움이다.

9. 아내와 아이들

내 이론은 남자들이 여자보다 덜 자유롭다는 것이다.
— Indira Gandhi

날 좀 쉬게 해줘.

진단 : 남자들은 그들의 아내와 아이들에 대해 징징거린다. 솔직히 지고 있는 미식축구팀에 징징거리는 것보다 훨씬 쉽기 때문이다. 그들은 가까이 있고 징징거리기에 편안한 타깃이다. 게다가 남자들은 아내와 아이들에 대해 징징거릴 때, 다른 남자들로부터 많은 동정심을 얻기 때문이다. 오래된 친구들과의 밤샘 포커 게임 중에 할 수 있는 완벽한 징징거림의 근사한 주제가 된다. 사실 남자들에게 아내들이 언제 어디서나 징징거림의 대상으로 좀더 완벽한 타깃이다; 아이들은 그들이 십대가 되어 자신들의 차를 운전하게 해달라고 끊임없이 요구하기 전까지는 별로 좋은 타깃이 아니다.

제발 좀 들볶지 마.

제안 : "좋았던 때 기억하기" 치료가 그들이 아이들과 아내들을 처음 만났을 때 느꼈던 그 감정들을 상기시키기 위해 만들어졌다. 당신의 아내는 당신의 환상이 현실로 된 모든 것이다. 당신의 아이들은 태어났을 때 얼마나 사랑스러웠는가. 당신의 모든 꿈과 희망의 구현이었던 그 작고 빛나던 아이들. 그리고 당신은 당신 둘 사이에서 그들을 낳은 아내에게, 마음속에 담아뒀던 그 감사의 마음을 전부 표현하지도 못했을 정도였다. 이것은 시간이 흘러도 당신이 항상 간직해야 할 필요가 있는 기억들이다. 성공적이라면, 아내와 아이들에 대해 징징거릴 욕구들이 점점 사라져 가는 자신을 발견할 것이다. 당신 자신이 점점 스러져 갈 때, 나이 먹고 당신의 기억을 잃을 때까지 말이다.

10. 장모

두 번 결혼의 적절한 응징: 두 명의 장모.
— Lord John Russell

안 돼, 또 그녀다!

진단 : 장모는 남자들의 존재에 있어서 가장 큰 불행의 원인이다. 장모들에게는 자신들의 귀한 딸들에게 충분히 좋은 남자는 없는 것처럼 보이기 때문이다. 이것이 결국 모든 결혼한 남성들의 가장 자연스러운 적이 되는 이유이다. 때때로, 이런 신드롬은 장모가 무료로 아이 돌보미 역할을 자주 해 줄 때 사라지기도 한다. 손자들이 생기기 전까지는, 이 변덕스러운 관계는 아주 교착상태에 빠져 있을 것이다. 그리고 그것은 한 편으론 양쪽이 모두 서로가 서로에게 힘들지라도 겪어내고 참아야만 하는 친척관계라는 것을 이해하는 한 별로 나쁘지 않다.

내가 무슨 잘못을 했기에 저러시나?

제안 : 쉽지는 않겠지만, "잘 지내려고 노력하기" 치료가 그래도 나은 방책이다. 결국 당사자 두 명은 똑같은 사람을 사랑하고 있는 것이다. 장모의 딸과 그 남자의 아내 말이다. 다음을 기억할 필요는 있다. 당신이 잘 하려는 진지한 노력 없이 공짜 육아는 없다. 나는 사위와 장모 사이에서 진정한 사랑과 존경심이 분리되어 제 각각인 경우를 용납하지는 않았다. 하지만 이런 일들은 모든 기적 같은 일처럼 자주 있는 것은 아니지만, 벌어질 수 있고 매우 자주 일어나기도 한다.

징징거리는 남성들에게 요모조모 유용한 최고의 처방

"스포츠 대화" 치료

나는 이 치료를 남자를 염두에 두고 만들어 냈지만, 이것은 스포츠를 사랑하는 DNA를 가진 누구에게라도 잘 통할 수 있을 것이다. 어떠한 종류의 불평이라 할지라도, 당신이 스포츠 관련 질문이나 논평으로 주제를 돌릴 수만 있다면, 모든 징징거림은 멈출 것이다. 남자 그리고 소년들은, 그들이 좋아하는 게임이나 팀에 관련된 어떤 것에 의해서라도 쉽게 주의를 바꿔 집중할 수 있다. 스포츠 관련 대화 치료는 그들을 환상의 세계로 옮겨 놓을 수 있고, 그곳에서 그들은 슈퍼스타이고 항상 이긴다.

이 치료는 부작용이 있을 수도 있다. 그들이 큰 경기에서 졌다거나 할 때는 그렇다. 이런 일이 일어났을 때, 그들은 그 고통을 줄이기 위해서 격한 징징거림을 발산하기도 한다. 패배의 고통과 승리의 감격 사이의 그 어떤 것 아닐까? 공터에서 하는 '친선' 게임이건, 월드 시리즈이건 간에 상관없다. 패배의 고통은 항상 모든 남성들에게 참을 수 없는 일이다. 큰 패배 후에는 다른 패배한 남성들과 함께 있게 하거나, 홀로 남겨 두는 것이 가장 좋다. 패배의 심각성의 정도에 달려 있지만 그들이 다시 회복했을 때, 그들은 다시 튀어 올라와서 다음 시즌을 준비할 것이다. 스포츠 관련 대화 치료의 좋은 점은 징징거리는 남자들에게 마법을 걸 재료들이 절대로 바닥 나지 않는다는 점이다.

10장 죽마고우

> **죽마고우의 징징거림 Top 10**
>
> 1. 몸무게
> 2. 배우자
> 3. 친구들
> 4. 친목모임
> 5. 아이들과 보육
> 6. 크리스마스 시즌
> 7. 장보기와 요리
> 8. 끝없는 일
> 9. 생리증후군과 건강
> 10. 동창회

당신이 자신에게 하고 싶지 않은 말들을
친구는 당신에게 할 수 있다.
― *Frances Ward*

죽마고우들은
수면제의 제단에서 보톡스와 지방흡입술에 대한
굳건한 믿음과 함께,
비밀스럽게 서로를 숭배한다.
― *The LOLAS(the (lovely) Ladies of Las Amigas)*

우정은 큰 한 그루 나무가 아니라, 수많은 작은 나무들의 숲이다.

당신이 감정이 얼마나 상해있던 간에 상관없이 항상 당신을 기분 좋게 만들 수 있는 친구들, 그들이 누구인지 찾아 내기는 어렵지 않다. 새벽 3시에 당신이 누군가 필요할 때, 당신의 죽마고우는 그 전화를 받아 줄 것이다.

죽마고우는 당신에게 잔인하지 않은 방법으로 당신에게 사실을 말해 줄 수 있는 사람들이다. 그들은 당신의 위로파티에 초대할 사람이고, 그들의 존재 자체가 당신에게 선물이 될 수 있는 그런 친구들이다. 당신이 그들과 함께 징징거리는 것은 마치 저녁을 먹으면서 와인을 함께 마시는 것과 같이 자연스러운 일이다.

죽마고우는 당신이 남편을 살해한 후에도 그 시체를 함께 묻을 수 있을 뿐만 아니라, 어디에 묻었는지 즉시 잊어 줄 수 있는 사람이다. 그들은 또한 당신이 살을 빼야 한다고 말하거나, 당신이 묻지 않는 한 아이들이 버르장머리가 없다고 말하는 일은 결코 없다.

우정은 서로에게 중요한 감정들과 관심을 공유하는 영원한 묵주와도 같은 것이다. 죽마고우들은 또한 굳건한 하나의 연대체이다. 각각의 합보다 훨씬 강하고 더 감동적인 신뢰와 사랑의 동맹이다. 죽마고우들이 어떤 것이라도 꺼리김없이 마음속에 있는 것들을 서로에게 꺼내 놓을 수 있는 것은 오직 지극한 유대감 때문에 가능한 것이다.

1. 몸무게

> 살 좀 쪄도 상관없다. 그래, 당신은 살쪘다.
> 살쪄라. 다만, 입은 좀 다물고 있어라.
> — Roseanne Barr

난 너무 뚱뚱해.

진단: 죽마고우는 당신이 몸무게에 대하여 징징거릴 수 있는 유일한 대상이다. 그들은 이해하고, 당신에게 들어야 할 말 또는 듣고 싶어하는 말을 당신의 기분에 따라서 말할 것이다. 죽마고우는 무조건적이다. 당신이 잔인하지만 사실을 알아야 한다면, 그들은 그것을 사랑스러운 방식으로 말할 것이다. 때때로 당신은 사실 그 자체가 필요하지 않을 수도 있다. 단지 당신의 말을 듣고 정직하게 응답할 사람이 필요한 것이다. 죽마고우는 당신이 항상 멋져 보인다고 말하고, 진짜로 그렇게 생각하는 사람들이다. 그리고 당신이 스스로 원하는 모습이 되기 위해서는 어느 정도 살을 빼는 것이 필요한지에 대해서 당신이 상처받지 않게 말해 줄 수 있는 사람이 죽마고우다.

정말 열심히 했는데, 오히려 늘었다!

제안 : "운동 짝꿍 만들기" 치료가 당신 둘을 도울 것이다. 활동적이고 격렬한 한 쌍이 되어 운동을 함께 하는 것이 다이어트에 최고의 길이다. "운동 짝꿍 만들기"는 죽마고우들이 함께 다이어트 프로그램이나 체육관에 함께 참여했을 때 가장 효과적일 수 있다. 당신의 죽마고우와 팔짱―무기의 의미가 아니라 팔의 의미로서의 'arms(the kind you use for hugging)'―을 끼고 오랜 시간을 보낼 수 있는 가장 좋은 핑계거리이기도 하다. 마사지나 얼굴 미용이 월 회비에 포함된 체육관이나 온천에 갈 것을 권한다. 당신이 체중을 줄이지 못할 지라도, 당신은 그 치료를 아주 좋아할 것이다. 그러면 당신은 운동은 거르게 되더라도, 여전히 당신의 돈의 값어치만큼은 건질 수 있다.

2. 배우자

> 타이어나 고환을 가지고 있는 것들은,
> 당신을 힘들게 하는 것들이다.
> — January Jones

항상 그가 원하는 것만 하게 된다.

진단: 배우자들이 우리를 대하고, 혹사시키고, 사랑하고, 무시하는 방식에 대해서 가슴속에 담아 놓은 것들을 풀어 낼 필요가 있다. 그리고 배우자들에 대해 징징거릴 최고의 상대는 죽마고우들이다. 당신이 죽마고우에게 불평할 때, 당신의 폭로가 단지 둘 사이에만 철저하게 비밀로 유지될 것을 이미 알고 있다. 죽마고우는 돌풍이 휘몰아칠 때도, 우울함으로 답답한 시기에도 당신에게 필요한 정서적인 안정감을 주는, 결혼이라는 폭풍의 바다에서 안전한 피난처가 될 수 있다. 당신이 죽마고우에게 말하는 어떤 것도 그들에게 충격이거나, 당신을 평가절하 하도록 만들지 않을 것이다. 당신이 무슨 말을 하고 무슨 일을 하던지, 죽마고우는 그녀가 실제로 어떻게 느끼던지 간에, 당신의 든든한 지원자가 될 것이다. 물론 그녀

가 스포트라이트가 필요할 때, 당신은 주저 없이 그녀를 지원해 줄 것이다.

그/그녀가 날 미치게 한다.

제안 : "모든 것 털어놓기" 치료가 비밀을 지키면서 동시에 마음을 후련하게 하도록 도울 수 있다. 그 문제가 무엇이든, 다른 누군가에게 징징거리는 것은 효과가 있다. 그것은 마치 항상 당신의 편을 들어 주는 사람에게 치료를 받는 것과 같다. 당신이 무엇을 했던지 간에, 친구는 말할 것이다. '당신은 단지 운이 없었을 뿐이다. 그런 일은 일어나기 마련이다.' 라고 말이다. 죽마고우는 그것을 알고 있고 또 그런 이유로 당신을 함부로 평가하지 않을 것이다. 그녀는 단지 당신의 남자친구나 남편 만을 가혹하게 평가할 것이다.

3. 친구들

> 당신이 아는 사람이, 당신이 알았던 사람으로
> 바뀌는 것은 슬픈 일이다.
> — Henry Rollins

전화 한 통 안 하는군.

진단 : 일부 사람들은 절친한 친구와 일반 친구 그리고 단순히 아는 사람들을 구분하는 것을 어려워한다. 누가 당신을 정말 진지하게 걱정해 주고, 당신이 제대로 신뢰할 수 있는 사람이 누구인가를 찾는 데에는 시간이 필요하다. 그런 관심과 신뢰는 마치 가족 구성원이 서로에게 보내는 그런 것과 같다. 물론 콩가루 집안이 아닌 그런 가정이라는 전제하에서의 가족 구성원을 의미한다. 한 번에 죽마고우를 두 명 이상 갖는 것은 어려운 일이다. 일부의 운 좋은 사람들에게 벌어지는 일이다. 그런데 나이든 사람들의 경우 가끔 이런 착각이 일어난다. 그들은 죽마고우가 누구인지는 말할 것도 없고, 그들 스스로가 누구인지 기억하지 못하는 그런 사람들이다.

내 고민이 무엇인지 전혀 들으려 하지 않는다.

제안 : "받는 사람과 주는 사람 구별" 치료가 당신이 보려고만 한다면, 그들이 정말로 어떤 사람들인지 볼 수 있도록 도울 것이다. 친구들이 당신을 실망시킬 때, 그 때가 바로 그들이 주는 사람인지 받는 사람인지를 결정할 수 있는 때이다. 구별하기 쉽다. '받는 사람'은 당신을 지치게 만드는 사람이다. '주는 사람'은 당신을 행복하게 만드는 사람이다. 그것은 친구를 평가하는 나만의 음양의 법칙이다. 당신이 새벽 3시 정도에 누군가가 필요할 때, 음은 당신의 전화를 받을 것이다. 양은 당신이 메시지만 남겨도 당신에게 곧바로 달려오는 그런 사람이다.

4. 친목모임

> 어떤 사람들은 목사들에게 간다.
> 어떤 사람들은 시인에게 간다.
> 나는 친구들에게 간다.
> — Virginia Woolf

만나면 뭐해?

진단 : 때때로 사람들은 죽마고우들에게 모임이 너무 상투적이고 재미없다고 징징거리기도 한다. 당신도 그 똑같은 사람들을 알고, 똑같은 장소에 가고, 매일의 시작과 끝을 그 똑같은 지루한 일을 반복하는 것은 마찬가지다. 이러한 정체감이나 불안감에서 빠져 나오는 탈출구를 찾는다면 이렇게 생각해 봐라. 다른 사람들과는 다른 것들을 하지 않음으로써, 당신은 '독창적' 인 사람이 되는 위험을 감수하지 않아도 된다. 그리고 건강한 인간관계를 위해서는 죽마고우와 함께 독창적이 되는 것이 최선의 방책이다. 당신에게 이것이 무엇을 의미할지라도, '진짜가 되는 것' 은 아주 어려운 도전이다. 그것은 다른 사람들에게 자신을 드러내는 일이고, 다른 사람들에 대한 도전이기도 하다. 그렇지만, 최소한... 그것은 '진짜' 다.

함께 나가려 하질 않아.

제안 : "천진난만하게 굴기" 치료가 나와 죽마고우 둘 중 한 명이 우울해져 있을 때 사용하는 방법이다. 삶이 지루할 때, 한 번씩 바보처럼 행동하면서 균형을 맞출 수 있다는 것을 친구들이 떠올려주곤 한다. 세 여자 친구들, Susan, Yana 그리고 나는 매주 수요일 아침에 울고 웃는 독특한 약으로 식사를 하곤 한다. 아주 필요하고 고마운 치료제이다. 서로의 바보 같은 행동만큼 재미있는 일을 찾기는 쉽지 않다. 우리의 기쁨은 가끔 음식 주문과 커피 리필 시간에 잠깐씩 짬을 내서 우리와 이야기를 나누는 단골식당의 종업원 Linda에게 영향을 미치기도 한다.

5. 아이들과 보육

느닷없는 밤에 전화를 걸어 중요한 이야기를 할 수 있는 사람이
친구들이다.
― Howarth Rowe

해도 해도 끝이 없다.

진단 : 죽마고우와 나는 아이들에 대해서 서로 징징거리곤 한다. 물론 우리는 그들이 스스로 할 수 있도록 놔두는 것이 우리의 역할이란 것을 알고 있다. 그렇지만 우리의 공동 관심사를 나누고 서로를 위로하는 것이 확실히 서로에게 도움이 된다. 요즈음 젊은 여성들은 친구들에게 아이들을 맡길 곳이 없다고 징징거리는 것이 핵심 메뉴가 되었다. 그들은 항상 일해야 하고, 보육은 그들의 재정문제보다 때로는 더 중요한, 그런 문제이다.

좋은 보육원 찾기가 너무 힘들다.

제안 : "할머니 유모" 치료가 내 아이들 보육 문제를 위해 사

용하는 방법이다. 할머니와 특별히 사이가 나쁘지 않고, 기꺼이 하려고 하고, 또 할 수 있다면 아주 명확한 답안이다. 특별히 비용도 들지 않기에 더더욱 그렇다. 나는 내가 할 수 있을 때라면 언제라도 좋다. 그러나 모든 할머니들이 이렇게 생각하지는 않는다. 그늘진 공원에서 아이들의 그네를 흔드는 것보다는 뜨거운 뙤약볕 밑에서 18홀을 돌며 골프채를 흔드는 것을 더 좋아하는 사람들도 있긴 하다. 할머니가 비협조적이거나 또는 불가능하다면 당신은 다른 가족들에게 물어볼 수도 있다. 또는 당신의 죽마고우와 돌아가면서 아이들을 함께 돌보는 것도 방법이다.

6. 크리스마스 시즌

휴일은 피곤한 사람들을 아예 녹초가 되도록 만든다.
— *Brooke Gabbey*

나는 일 년 중 이 때가 제일 싫다.
진단 : 내 친한 친구 하나는 일 년 내내 잎이 잘 자라도록 나무에 정성을 쏟는다. 그런 이유로 그녀는 항상 크리스마스 시즌에 항상 나보다 앞서곤 한다. 친한 친구들은 휴일이 엉망이 될 수도 있고, 급한 도움 요청에도 달려와서 도움을 줄 수 있는 친구들이다. 죽마고우들은 일 년 중 항상 이맘때면 나타나는 걱정이나 어려움들을 잘 헤쳐 나갈 수 있도록 도울 수 있는 사람들이다. 물론 휴일 때가 되면 생겨나는 선의의 경쟁심도 존재한다. 누구의 파이가 더 맛있는지, 누구의 선물 포장이 더 산뜻한지 등등의 것들로 말이다. 나는 크리스마스 장식을 하는 것을 아주 좋아하고 아이들도 좋아한다. 내 친구가 크리스마스트리를 일 년 내내 가꾸듯이 나도 그렇게 한다면, 혹시라도 그녀가 기분이 상하지 않을까 궁금해 진다. 부러운 일이다.

내가 모든 걸 다해야 한다.

제안 : "선물 안주기" 치료는 크리스마스에 선물 없이 보내는 것을 의미하고, 결국은 휴일에 겪을 혼란의 싹을 깨끗하게 잘 라내는 것이다. 그에 상응하는 계획으로는 그 해의 생일 선물을 더 크게 하는 것이다. 또 다른 아이디어는 가족들과 함께 추수감사절을 보내는 것이다. 이런 방식으로 스트레스는 크리스마스가 오기 전에 이미 끝나 있을 것이다. 또는 우리가 해군에서 했던 것처럼 7월 25일(미국 전역의 세일 기간)에 축하를 할 수도 있다. 사람들도 들끓지 않고, 시즌 전에 싼 가격으로 선물을 살 수 있도록 만들 것이다.

7. 장보기와 요리

삶이란 엉겅퀴를 먹는 것과 같은 것이다.
겨우 조금 얻기 위해서 아주 많은 일들을 해야 하는 것이다.
— *Thomas Aloysius Dorgan*

시장가기 이젠 지겹다.

진단 : 슈퍼마켓에 가야만 하는 것에 대해서 모두가 징징거린다. 이미 다 가봤고, 해본 것들, 그런 차고 넘쳐서 지겨운 경험들 때문에 죽마고우들은 슈퍼마켓 가는 것에 대해 징징거린다. 캘리포니아 남부에서, 내가 유일하게 슈퍼마켓 쇼핑을 좋아하는 여자들을 본 것은 탐 셀렉(Tom Selleck, 인디아나 존스·프렌즈 등에 출연한 유명 배우)이 지역 슈퍼에서 상추를 찾고 있던 그 시간 뿐이다. 그 소문이 퍼졌을 때, 그 슈퍼의 모든 쇼핑 카트가 그 상품 진열대로 향하기 시작했다.

요리하기 정말 싫다.

제안 : "유기농산물 체인점 이용하기" 치료가 음식 쇼핑, 요

리하기 그리고 청소까지, 이 모두를 할 때 내가 가장 좋아하는 방법이다. 홀푸드마켓(Whole Foods market, 미국 최대 유기농 슈퍼마켓 체인)같은 곳은 항상 기분 좋게 쇼핑할 수 있는 공간이다. 모든 것이 건강식이고, 유기농이면서 동시에 당신 스스로를 더 나은 사람이 된 것처럼 느끼도록 한다. 이 상점의 음식점들은 정말 대단하다. 신선하고, 뜨겁고, 날 것 또는 유기농, 채식주의자 전용 등 요리나 청소가 전혀 필요 없는 음식들로 넘쳐난다. 나는 거기에서 탐 셀렉을 본 적은 없지만, 그가 나타날 경우를 대비해서 친구들과 함께 시간을 보내기에 재미있는 장소이다. 그보다 더 좋은 것은, 나는 TLC채널의 "The Take Home Chef"의 커티스 스톤(Curtis Stone)을 인터뷰한 적이 있는데, 그는 항상 TV 쇼에서 함께 요리를 할 여성들을 항상 홀푸드마켓에서 고른다고 말했던 것이다. 젊고 귀엽다면, 시도해 보는 것도 좋을 것이다.

8. 끝없는 일

> 누구나 위기에 처할 수 있다.
> 그것은 당신을 지치게 하는 일상생활이다.
> — Anton Chekhov

내게 너무 많은 것을 요구한다.

진단 : 누구에게서도 충분히 가치를 인정받지는 못하면서도, 우리는 다른 사람들을 위해 너무나 많은 일을 하도록 스스로를 그렇게 만든다. 남들이 알아주길 원하지만, 그렇다고 당신의 성실성과 자신의 존엄을 깎아내리면서 까지는 아니다. 그날 하루의 일상사에 대하여 죽마고우와 징징거리는 것이 당신의 일상이 어지럽게 돌아갈 때, 당신이 숨 쉴 수 있도록 도와줄 수 있을 것이다. 꽃냄새를 맡을 수 있을 정도로 잠시 여유를 가지는 것 역시 아주 사랑스러운 생각이다. 그러나 당신이 지금 그렇듯이 엄청나게 쌓아둔 일거리를 가지고 다니면서 그렇게 하기는 아주 어려운 법이다. 당신이 하루 쉬는 날 실수로 화단에라도 넘어지지 않는 한 어렵다.

내가 일하는 걸 당연하게들 생각한다.

제안 : "점심 반주(Drunch)" 치료는 점심(Lunch)과 술(Drinks)를 합쳐 놓은 것이다. 이것은 당신을 취하게 만들어서 '아침겸 점심' 또는 '점심'을 구분하지 못하게 될 것이다. 이 치료는 당신이 무엇을 하고 있던지 간에 멈추라는 것을 의미한다. 죽마고우를 부르고 그녀도 역시 휴식을 취하도록 초대하는 것이다. 그녀가 점심을 함께 할 수 없다면, 'unch'를 빼고 'dr' 부분만 해도 좋다. 우리의 점심 반주는 우리의 또 다른 죽마고우, 블러디 메리(Bloody Mary, 칵테일)와 함께 우리의 점심을 마시는 일이다. 요사이 내가 그 모임에 몇 번 빠졌더니, 블러디 메리는 버진 메리(Virgin Mary, 알코올 없는 Bloody Mary)가 됐다.

9. 생리증후군과 건강

> 여성들은 생리증후군에 대해서 불평하지만,
> 나는 그것을 내가 한 달 중
> 유일하게 나 자신이 되는 시간이라고 생각한다.
> — Roseanne

또 그날이 왔다.

진단 : 모든 죽마고우들은 이런 징징거림에 대해서 잘 안다. 십대 이후로 쭈욱 해오던 일이다. 그리고 그 때 이후로 전혀 달라진 점이 없다. 서로에게 이런 헛배 부름과 초조함에 대해 수십 년 동안 서로를 다독여 왔다. 여자 인생의 주기 중 재미 있는 부분은 폐경기 무렵에서야 시작된다. 폐경기는 오싹한 추위 다음에 오는 뜨거운 땀을 만든다. 당신은 잠시 괜찮아졌다가, 아무런 경고도 없이 엄청난 당신의 체액에 빠져 죽을 지경이 되곤 한다. 폐경기에 대해 말할 수 있는 유일하게 좋은 점은 살인이나 아무런 폭력도 없이 당신이 살아남을 수 있다면, 당신은 더 이상 매달 벌어지는 그것을 참아야 할 필요가 사라지는 것이다. Period 끝!

생리통!

제안 : "뜨거운/차가운 물로 샤워하기" 치료가 나에겐 생리증후군과 폐경기를 다루는 데에 아주 많은 도움이 됐다. 의심스러울 정도로 간단하지만, 내 체온이 어떻든지 간에, 나는 체온을 조절하기 위해 샤워하러 뛰어 들어갈 것이다. 그리고 이 샤워는 경이로울 정도로 효과적이다. 이 치료의 유일한 문제점은 당신을 몇 번의 이런 치료 후에 물에 푸욱 빠진 말린 자두처럼 보일 것이라는 점이다. 이왕이면 어두울 때에 샤워하는 것을 권한다. 그러면 당신은 밖으로 나올 때 당신 자신을 보지 않아도 될 것이다.

10. 동창회

오래된 친구를 만드는 데에는 많은 시간이 걸린다.
— *John Leonard*

가야 할까?

진단 : 오직 죽마고우만 알듯이, 동창회는 끔찍해질 수도 있다. 40년 동안 한 번도 가지 않았다면 더더욱 그럴 가능성이 크다. 나 역시 초조해 했다는 것을 고백한다. 너무 오랜만이었다. 내 젊은 죽마고우들이 늙은 여성으로 다시 나타나는 것을 보는 것이 어떻겠는가? 나는 아주 큰 글씨로 연도와 이름 그리고 사진이 담긴 표를 사람들이 차고 다니기를 기도했다. 운 좋게도 내 기도는 응답받았다. 그러나 모두들 당시 18세이던 때의 사진들이었다. 나는 기억하고 알아볼 수가 없었으나, 다행히 난 그 이름들을 읽을 수는 있었다. 우리 모두는 서로가 아무 것도 변하지 않은 것처럼 행동했다. 하, 하!

정말 살 좀 빼야 될텐데.

제안 : "갈 수 있을 때까지 참가하기" 치료가 동창회를 앞둔 누구에게라도 들려주는 나의 답변이다. 우리는 함께 크게 웃었다. 교가도 함께 부르고 오직 여학생들만 있던 가톨릭 학교에서 모두가 할 줄 알았던 그 춤을 함께 추면서 말이다. 우리는 끌어안고 죽은 친구들을 추억하면서 울기도 했다. 죽은 이들을 위한 장미들이 있었다. 모두 열여섯 송이였다. 바뀐 것은 아무 것도 없었다; 우리는 다시 젊은 그 때로 돌아갔었다. 누구도 수녀님들을 열 받게 만들었던 그 재미있는 장난들을 잊지 않고 있었다. 우리 시대의 기억들은 우리 가슴속에 영원히 남아 있을 것이다. 우리가 언제 또 다시 그 똑같은 마루에서 또 다시 구두 굽으로 마루를 차면서 춤을 추고 있을지 알 수는 없지만. 곧... 다시 할 수 있기를 소망한다!

죽마고우들에게 요모조모 유용한 최고의 처방

"위로파티" 치료

> 많은 사람들이 당신과 함께 리무진을 타고 싶어하지만,
> 당신이 원하는 것은 리무진이 고장 났을 때
> 함께 버스를 탈 수 있는 사람이다.
> — Oprah Winfrey

내 어머니는 나에게 사용하곤 하던 징징거림 치료제가 있었다. 나 역시 내 아이들에게 아주 성공적으로 그 치료법을 사용했다. 이 치료는 노르웨이 Ris-paa-rumpen 치료와 비슷하지만, 그렇게 매력적인 방법은 아니다. 기본적으로 질문을 통한 접근으로 결과를 만들어 내는 것이다. 그 질문은 따끔한 목소리를 담은 엄마의 그 목소리를 사용해야 한다. 이런 방식으로 진행된다. "네가 지금 징징거리고 싶다면, 난 정말 네가 지금 당장 징징거리게 만들어 줄 수 있다, 알겠니?" 과거에도 효과적이었고, 지금도 여전히 효과적이다.

그 때 나는 '정말' 징징거림이라는 것이 무엇을 의미하는 지에 대해서 전혀 알지 못했다. 그 결과에 대해서도 전혀 알지 못했다. 지금의 나는 알고 있다. 내 첫 남편, 해군 시험조

종사였던 데이비드가 사고를 당해 비극적으로 죽었을 때, 나는 '정말' 징징거릴 무언가를 가지고 있다는 것이 '정말' 무엇을 의미하는지 알게 됐다.

어떻든 나는 살아남았고 그리고 오직 내 죽마고우 제인 덕택에 그렇게 살아남았다. 운명이 우리가 서로 새집을 사던 1968년에 옆집에 살도록 만들었을 때 우리는 아주 빠르게 친구가 됐다. 우리는 시골 안의 도시였던, Westlake마을이라고 불리는 L.A. 북쪽 신도시의 개척자들이었다.

제인과 나는 많은 공통점들을 가지고 있었다. 나는 우리의 새로운 카펫을 깔던 그날, 우리가 서로에게 아주 완벽한 조화를 이루는 친구라는 것을 즉시 알게 됐다. 제인의 카펫은 라임 같은 초록이었고 내가 선택한 것은 밝은 오렌지색이었다. 그 때가 물병자리의 시대(Age of Aquarius, 점성학적으로 말하자면, 컴퓨터, 전기, 전자, 비행기; 민주주의, 자유, 인본주의 등이 흥하는 시대라고 함)가 열리던 때였던 것을 기억하는가? 우리는 우리의 집들이 밝은 형광색 부류가 유행하던 그 때에 딱 들어맞았다고 확신했었다. 우리는 단지 캘리포니아를 꿈꾼 것이 아니라, 우리 자체가 살아 있는 캘리포니아였다.

제인이 나에게 주었던 따사로운 햇살 같은 희망에도 불구하고, 데이비드는 죽었고, 솔직히 나 역시 죽었으면 좋겠다고 소망하기도 했다. 아이들은 아버지를 그리워했고, 우리 모두가 그랬다. 홀엄마로서의 첫 해는 힘들었다. 그러나 제인이 일 년 동안 지속해 준 내 위로파티에 유일한 초대 손님이 됨으로써, 그렇게 내가 뚫고 나갈 수 있도록 안내해 줬다. 제인은 아주 끔직한 어린 시절을 잘 견뎌냈기 때문에 징징거림에 관해서 많은 것을 알고 있었다. 그녀는 나와 공유했던 혁신적인 최신 징징거림 기술로 한 단계 올라섰다.

예를 들면, 제인은 상처받기 쉬운 것처럼 또는 연약한 것처럼 보이도록 하는 모든 것에 대해서 알고 있었다. 그녀는 세상에서 가장 크고 슬픈 눈을 가졌다. 우리는 우리가 상상할 수 있는 가장 큰 위로파티를 가졌다. 그것은 마티니 몇 잔과 많은 웃음이 뒤따르는 많은 동정… 그런 것들로 구성됐고, 그 파티는 저녁마다 계속됐다. 우리는 곧 행복한 저녁시간이 올 것을 기대하면서 낮 시간을 잘 보냈다.

그러던 어느 날, 마침내 내가 모든 것을 완전히 털어내고 울었다. 제인은 외출해서 기념하자고 했다. 크리스마스 시즌이었고 제인은 나에게 파티에 갈 것을 강권했다. 싫다 했지만, 그녀는 완강했다. 친구는 친구를 평생 동안 징징거리도록 내버려두지 않는다. 그 파티에서 나는 두 번째 남편을 만났다. 제인은 우리 결혼에서 신부인 나의 시중을 들어 주었고, 내 25주년 기념일에도 역시 마찬가지 역할을 했다. 그 시점에서, 우리는 수년 동안 위로파티를 멈췄었다. 그 동안 많은 변화들이 서로를 잠시 떨어지게 했었다. 그러나 제인이 이혼했을 때 위로파티는 다시 시작됐다. 그 후, 그녀가 암 3기에 들어갔다는 것을 알게 됐다. 이제 우리의 역할이 바뀌게 됐다. 내가 듣는 동안 그녀는 말했다. 이제 그녀가 화를 낼 차례였다. 이제 내가 조건 없는 사랑으로 들어 줄 차례가 된 것이다.

우리의 마지막 위로파티는 3년 동안 지속됐다. 그녀가 암과 싸웠던 그 기간 동안 말이다. 우리는 그 몇 년 동안 우리의 최고의 시간들을 보냈다. 내가 그녀와 병원에서 함께 시간을 보낼 때, 우리는 울지 않으려고 했고 대신 웃으려고 노력했다. 아주 자연스럽게 파도가 치듯이 웃음이 흘러나오는 그런 우리만의 밤샘 수다파티를 함께 했던 것이 정말로 좋았다. 그것이 우리 둘 모두에게 우리가 기억하는 오래된 좋은 시간들을 다시 되살려놓도록 도왔다. 우리의 달콤한 바보스러움이 그 긴긴 밤들을 짧게 만들도록 도왔다.

내 죽마고우를 잃었을 때 나는 황폐해졌다. 그녀가 가버리고 첫 번째 3월 12일은 나를 정말로 힘들게 했다. 내 남편, 데이비드가 죽은 날이 그날이다. 그것이 32년 만에 처음으로 제인이 내가 첫 남편이 죽은 그날을 어떻게 보내고 있는지 알아보려고 전화하지 않은 첫 번째 날이었다. 그날을 기억하는 유일한 사람이 그녀였다. 그날은 언제나 내게 힘든 하루이다. 그러나 제인이 없는 그날은 훨씬 더 힘든 날이 됐다. 나는 여전히 그녀를 너무 그리워해서, 여전히 내 휴대전화에서 그녀의 단축키 번호를 지우지 않고 있다. 만일의 경우를 대비해서...

우리의 큰 비극들을 넘어서도록 도운 것을 제외하고라도, 징징거림은 많은 다른 놀라운 것들을 동반하기도 한다. 징징거림은 당신을 주목 받도록 하기 때문에 효과적이다. 그것이 당신이 원하는 것 또는 필요한 것을 가져다 줄 수도 있다. 또한 당신의 가족 또는 친구들과 유대감을 만들어 주는 소통의 길이기도 하다. 나와 제인이 증명했듯이, 그것은 건강에도 큰 도움이 될 수 있다. 다른 사람들에게 다가가는 것이 중요하다. 그것이 사람을 상하게 하는 대신, 도울 수 있다.

징징거림이 사라진 후에, 당신은 그 슬픔을 대신할 답들을 찾을 것이다. 동료들은 그런 연민과 동정심의 통로가 될 수 있다. 그들은 당신이 새로운 계획을 만들고 당신을 괴롭히는 어떤 문제들이라도 공격적으로 이겨낼 수 있도록 도울 것이다. 그것은 다만, 뒤돌아보지 말고, 한 번에 한 단계씩 차분한 페이스를 지키는 것이 필요하다. 당신이 스스로 할 수 없을 때는 당신의 죽마고우가 사실을 현실을 직시하도록 당신을 도울 것이다. 그리고 당신을 웃게 만드는 동시에 그 이야기들이 얼마나 슬프던지 상관없이 당신의 이야기를 차분히 들어줄 것이다. 당신의 죽마고우와 함께 하는 그 여행은, 모든 것이 가능하다. "Lucy와 Ethel" 또는 "Jane과 January"에게 물어봐라.

좋은 친구는 삶과의 연결이고,
과거와의 연대이고, 미래로의 길이다.
완전히 정신 나간 세상에서 정상적으로 살도록 하는 열쇠이다.
― *Lois Wyse*

11장 조부모

조부모들의 징징거림 Top 10

1. 떨어져 사는 자식들
2. 손자들의 예절
3. 노인 공경
4. 낮잠과 밤잠
5. 규율
6. 인스턴트 음식
7. 자식들
8. 손자들 보육 방식
9. 옷과 머리
10. 아이 돌보기

가장 간단한 장난감, 아주 어린 아이들도 조종할 수 있는 것은 조부모라고 불린다.
— Sam Levenson

당신 부모들이 손자/손녀들을 돌보기에 충분히 젊을 때 아이들을 가져라.
— Rita Rudner

요전 날, 내 친구 중 한 명이 물었다. "모든 것을 다시 시작해야 한다면, 아이들을 갖고 싶냐?" 나는 대답하기 전에 생각할 시간도 필요 없이, "아니, 아니, 아니, 절대 아니야." 난 네 번이나 그 대답을 반복했다. 난 네 아이가 있고, 하나도 그들 중에서 빼놓고 싶지 않았다. 편애한다는 이야기도 역시 또, 또, 또 그리고 또 듣고 싶지 않았다. 이미 그 상황을 겪었고, 또 해봤다. 아이들 대신에 동물을 기른다는 현명한 선택을 한 내 친구는 내 대답을 아주 좋아했고, 그래서 또 질문했다, "왜?"

농담처럼 "다시 또 전부 시작해야 한다면, 아이들은 건너뛰고 바로 손자들을 기르는 것으로 가고 싶다"라고 했다. 재미있는 대답이었고, 진실과도 그리 동떨어진 대답은 아니었다. 게다가 손자들이 당신에게 하는 말과 행동들이 맘에 들지 않다면, 그냥 다시 그 아이들 부모에게 돌려주기만 하면 된다.

아주 간단하지 않은가. 손자를 갖는 기쁨이란 게, 당신의 아이들을 죽이지 않은 것에 대한 대가라는 것은 모두가 아는 사실이다. 손자들을 갖는 것의 가장 좋은 점은 그들이 말하는 아주 순수하고 정제되지도 않았고, 그래서 더욱 진실한 그런 놀라운 것들이기도 하다.

예를 들면, 내 네 살짜리 손자 녀석과 내가 하루는 인생에서 서로 가장 좋아하는 것들에 대하여 말하고 있었다. 나는 그에게 그가 내가 가장 좋아하는 것들 중 하나라고 말했다. 그는 한동안 생각하더니 갑자기, "할머니, 할머니, 내가 제일 좋아하는 것이 파워 레인저와 큰 가슴이란 걸 이미 알고 계셨나요?" 나는 이런 그의 선호도를 알고 있지 못했었지만, 이제는 안다. 내 손자가 역시 그의 할아버지의 손자라는 것은 변할 수 없는 사실이다.

내 아이들은 항상 최고의 재미를 나에게 선사해 왔고, 의심할 바 없이 내 손자들은 더더욱 재미있다. 분명히, 그들은 할머니 할아버지의 유머 감각과 명랑함 그리고 그들의 부모를 무시하는 능력을 타고났다.

손자들과 조부모들은 공통의 적을 가지고 있다는 것이 서로를 더 가깝게 만든다. 게다가 우리 모두가 비밀을 지키는 데에 아주 능숙하다는 점이 유대관계를 더 결속시킨다. 그들의 부모를 대해야 할 때, "묻지도, 따지지도 않기" 정책을 고수하는 것이 최선의 방법이다. 다른 말로, 할머니 집에서 일어나는 일은 할머니 집에만 머문다! 우리는 어떠한 경우라도 손자들 앞에서 징징거리지 않으려고 노력한다. 아이들의 조부모에 대한 신뢰도가 얼마나 높다고 할지라도 그들은 언제라도 '밀고' 할 수도 있기 때문이다. 그때가 당신이 그들을 바로 돌려 보내야 할 시점이다.

    징징거리는 조부모에 관해서 말하자면, 공식은 간단하고 변함없는 것이다: 자식들은 어느 것 하나 제대로 하는 것이 없는 반면, 손자들은 뭐 하나 잘못하는 게 없다. 우리는 이제 그 코드를 깼기 때문에, 가족들과의 저녁 식사와 휴일 시즌 그리고 방학을 극복하기가 훨씬 더 쉬운 것이다.

    다음에 나오는 조부모의 징징거림에 대하여, 나와 내 남편에게는 그 어느 것도 적용되지 않는다. 이 모든 내용들이 이 책을 좀더 팔고, 따라서 유산을 좀더 늘려주려는 겸손하고 유머러스한 노력일 뿐이라는 것을 우리 아이들은 알고 있을 것이다.

1. 떨어져 사는 자식들

한 시간 동안의 손자들과의 즐거운 시간은 당신을 젊게 만든다.
그 이상의 시간은 당신을 더 빠르게 늙게 만든다.
— *Gene Perret*

손자들이 너무 멀리 사는 것은 그들 부모의 잘못이다.
진단 : 할머니 할아버지들에게 시간은 도망치는 강아지 같은 것이다. 그리고 당신의 손자들과 보내는 어떤 시간이라도 즉시 당신 인생의 최고의 날들이 된다. 불행하게도, 많은 손자들이 너무 멀리 떨어져 살아서 그들을 자주 볼 수 없다. 그 거리는 우리가 나이 먹을수록 더 멀게만 느껴진다. 그들은 훌쩍 자라기 시작하고 친구들 이외의 사람들에게는 내어 줄 시간이 없게 된다. 일반적으로 그들은 부모를 싫어하지만, 할머니 할아버지는 좋아한다. 그래서 우리는 실제로 그렇게 징징거릴 많은 이유는 없다.

손자들 볼 기회가 너무 없다.

제안 : "가족 크루즈 여행" 치료가 우리 가족을 위한 거의 완벽한 해결방법이었다. 우리가 그들 몫까지 지불한다면, 우리는 끔찍한 크루즈 여행이 될 수 있을 것이고, 그들 모두가 가고 싶어 할 것이다. 그것이 사촌들과 함께 신나게 배를 뛰어다닐 수 있어서인지, 아니면 끝없이 제공되는 부드러운 아이스크림 때문인지 모르겠으나, 어쨌거나 손자들이 크루즈 여행을 아주 좋아한다. 그들은 그들의 자유 시간에 자신들이 하고 싶은 것들을 하기 때문에 우리에겐 완벽하다. 우리는 오직 저녁 먹는 시간만 함께 한다. 하루에 한 번의 저녁이면 어디에서라도 함께 14명의 식구가 앉아서 대화를 나누기엔 아주 충분한 시간이다. 크루즈여객선 식당에서라면 더할 나위 없이 좋다.

2. 손자들의 예절

> 아이들이 문을 열고 들어설 때,
> 규율은 창문 밖으로 날아가 버린다.
> — Ogden Nash

손자들이 저렇게 행동하는 건 그들 부모의 잘못이다.
진단 : 조부모들은 손자들이 예절이 부족하다고 해서 징징거리지 않는다. 대신, 그들 부모가 그들을 어떻게 저렇게 기를 수 있냐며 부모들을 탓한다. 결코 손지들의 잘못일 수가 없다. 항상 부모들의 잘못이다. 대다수의 손자들은 이것은 알고 그들의 부모가 잘못하고 있다는 것을 조부모들에게 상기시켜 주려는 듯 그렇게 행동한다. 내가 이렇게 말하는 것이 마치 손자들은 항상 옳고, 그들의 부모는 항상 그르다고 말하는 것처럼 들릴 수도 있다. 글쎄, 그렇게 들릴 수도 있다. 왜냐하면 내가 말하는 게 정확하게 그것이니까.

예의 바른 손자들은 꿈도 꾸지 말아야 해.

제안 : 내 손자들은 "인내와 감사 예절 캠프" 치료를 조부모들과 함께 경험하는 것을 좋아한다. 그들이 인내하고 맹목적으로 사랑하는 조부모의 감독 하에서 어떻게 그렇게 빨리 예절을 습득하는지 놀라운 일이다. 특별히 아이들 놀이터가 딸린 마켓이나 매직 마운틴같은 놀이동산으로 가는 길에서의 배움은 훨씬 더 그렇다. 이것이 별로 효과가 없으면, 브라우니 초콜릿 케이크가 아주 고집 센 아이에게까지도 경이로울 정도로 효과적이다. 이것은 대부분 그 또는 그녀의 부모들이 행동했던 것과 아주 비슷한 행동들일 것이다. 기억하는가, 당신이 부모노릇 하는 동안 당신을 지옥 문턱까지 몰고 갔던 작고 사랑스러웠던 그 아이들을?

3. 노인 공경

> 내가 젊었을 때, 젊음에 대해 아무도 존중하지 않았다.
> 그리고 내가 늙으니까 지금은 나이든 사람들에 대한 존중이 없다.
> 나는 존중을 오며 가며 항상 놓치고 있다.
> — J.B. Priestly

손자들이 우리를 존중하지 않는 것은 그들 부모 잘못이다.
진단 : 요즘은 무엇에 관해서도 시간이 충분하지 않은 것처럼 바빠 보인다. 고로, 노인들에 대한 존중이라는 가치가 부각되지 못하는 것은 어쩔 수 없는 일인지도 모른다. 빠르게 변하는 인터넷 세상에서, 우리의 손자들이 오래된 가치를 놓치기 쉬울 수밖에 없는 엄청난 속도로 모든 것이 벌어지고 있다. 먼저 온 사람들을 위해서 문을 열어주거나 줄 서서 기다리는 것은 고사하고, 우리의 나라와 국기와 명예에 대해 그들을 가르칠 시간도 없는 것처럼 보인다.

옛날보다... 나아진 것이 없다.
제안 : 우리는 '메모리얼 데이(Memorial Day, 전몰자추도 기념일)'

에 항상 퇴역군인들 묘지에 우리 아이들을 데려가려고 시간을 낸다. 다소 우울한 이야기처럼 들릴 수 있지만, 그것은 항상 축제이고 국기, 음악, "그리운 사람"을 구성하는 전투기의 드라마틱한 공중 쇼들로 이루어진 재미있는 날이다. 우리는 용감하고도 용감한 사람들에게 우리의 존경을 표하면서 동시에 우리의 친구들과 이웃들을 만난다. 덕분에 우리 손자들에게 그들 각각의 행동의 중요성을 가르칠 수도 있다. 그들의 진짜 전쟁 영웅인 할아버지는 그의 전투 시절 겪은 놀라운 이야기들을 함께 나누기도 한다. 이것이 우리 모두에게 이 묘지는 슬퍼할 일이 아니라 재미와 좋은 기억들을 가질 수 있다는 점을 일깨우곤 한다.

4. 낮잠과 밤잠

> 내 손녀에 대해서 나는 두 가지가 싫다.
> 하나는 그녀가 낮잠을 자지 않을 때이고,
> 다른 하나는 그녀가 내가 낮잠 자도록 놔두지 않을 때가 그렇다.
> — Gene Perret

짬이 나질 않는다. 그들 부모의 잘못이다.

진단 : 어떤 이유로던지 간에, 내 손자 세대는 일찍 잠자는 것과 낮잠의 신성함에 대해서 배우지 못한 것 같다. 요새 아이들은 녹초가 돼서 언제 어디서라도 잠에 빠져드는 것 같다. 어느 곳에서나 피곤에 절고 병약해 보이는 몸으로 배회하는 아이들을 본다. 그리고 그런 아이들은 그 과정에서 주변의 사람들을 모두 불쌍하게 만든다. 이런 현상은 대다수 가정의 저녁 시간에 아주 널리 퍼져 있다. 특히 할머니 할아버지가 방문할 때 그렇다.

도무지 낮잠을 잘 수가 없어.

제안 : 사라지는 낮잠과 밤잠의 일상화를 다루는 유일한 방법

은 "완전히 무시하기" 치료를 사용하는 것이다. 누구도 듣지 않고 있기 때문에 특별히 항의할 대상도 없다. 특히 모든 부모나 손자들에게는 적어도 그렇다. 일부 할머니 할아버지들에게 받아들이기 쉽지 않은 일이다. 내 남편 같은 경우가 그런 편이다. 이걸 기억하려고 노력해라. 당신 문제가 아니다. 인생은 그런 일들에 얽매여 살기에는 너무 짧다. 곧, 그 부모들 역시 잠자리에 들지 않을 것이다. 그들도 자기 아이들이 돌아오기만을 기다리며 밤새 기다리고 있을 때가 올 것이다. 달콤한 복수 아닌가!

5. 규율

> 아이들이 가장 필요한 것들은
> 할머니 할아버지들이 풍부하게 제공할 수 있는 것들이다.
> 그들은 무조건적인 사랑, 친절함, 인내, 유머, 위로,
> 인생에서의 교훈들을 아이들에게 준다.
> 그리고 가장 중요한 것은 쿠키이다.
> — Rudolph Giuliani

손자들이 제멋대로 구는 것은 그들 부모의 잘못이다.
진단 : 요즈음 대다수의 부모들이 그들의 아이들 때문에 깜짝깜짝 놀라곤 한다. 나는 그들 부모들을 놀라게 하는 것들의 출처를 꼭 집어서 말할 수는 없지만, 어쨌든 그들이 자라면서 그들이 보도록 우리가 허용한 모든 TV 프로그램들로부터 영향 받은 것이 틀림없다. 그들이 두려워 하는 것이 우리는 아니므로 이것은 확실히 우리 잘못은 아니다. 부모들은 아마도 그들의 삶이 모두 TV와 같아야 한다고 생각하거나 또는 그들의 아이들이 그들을 싫어할 것이라고 생각한다. 실제로 이것은 아주 간단한 이치에 불과하다. 우리 손자들이 훨씬 더 그들 부모들보다 똑똑하다는 사실이다. 결과적으로, 그들이 그 쇼를 진행하게 될 것이다. 난 이해가 된다.

규율, 그런 일은 꿈도 꾸면 안 된다.

제안 : 조부모로서, 우리는 "부모님은 허락할 지 모르지만, 여기서는 아니다"라는 것을 분명히 한다. 그들이 똑똑하다면, 그들은 정확하게 당신이 무엇을 말하는지 이해할 것이다. 그리고 그것에 대해서 역시 존중할 것이다. 슬프게도, 그 부모들은 이 원칙을 아직 이해하지 못하고 있는 것이다. 그것은 불행한 일이지만, 그렇다고 우리의 재미와 게임들을 망치지는 않는다. 우리는 엄격한 것을 좋아하지만, 동시에 자비로운 독재자들이며 또한 그들은 우리와 재미있는 시간을 보낸다. 이런 것들이 바로 우리 모두가 좋아하는 살아가는 방식이다.

6. 인스턴트 음식

> 신이 우리가 모든 조리법을 따르기를 원했었다면,
> 신은 우리에게 할머니들을 내려주지 않았을 것이다.
> — Linda Henley

손자들이 편식하고 제대로 먹지 않는 건, 그들 부모의 잘못이다.

진단: 우리의 세상은 부엌에서 신선한 재료로 신선한 음식을 준비하는 것은 고사하고, 적절한 식사를 먹을 충분한 시간조차 주지 않을 만큼 너무나 많은 것들이 바쁘게 돌아간다. 대다수의 가족들은 인스턴트 음식이나 포장음식을 요일에 맞춰 순서를 정해서 사와야 하는 맞벌이 가정인 경우가 많다. 그렇다. 모든 것을 부모의 잘못으로 돌리는 것이 불공평하다는 것을 알고 있다. 그런데 그 외에 누가 또 있나? 확실히 그것은 정크 푸드(Junk Food)를 원하고 먹는 우리 손자들 잘못이 아니다. 게다가 할머니가 아이들에게 초콜릿이 새로운 브로콜리라고 말하지 않았던가.

진짜 음식은 왜 요리하지 못하는 거야?

제안 : 무엇을 해야 할지 모를 때 또는 왜 이런 음식과 관련된 엉뚱하고 멍청한 일들이 당신의 아이들과 당신 아이들의 아이들 사이에서 벌어지는 지에 대해서 이해할 수 없을 때, "아무 것도 하지 말고, 아무 말도 하지 말기" 치료가 효과적이다. 손자들 앞에서 그 부모를 나무라지 않도록 항상 조심해야만 한다. 그렇지만 당신은 몇 가지 미묘한 제안들은 할 수 있을 것이다. 부엌에 있는 사람이 며느리가 아니라, 친딸이라면 말이다. 절대로 어떤 상황 하에서도 사위나 며느리를 아이들 앞에서 비판해서는 안 된다. 만일 그렇게 한다면, 확실히 집 밖으로 곧 나가게 될 것이다. 당신 손자들이 곧 당신 집 앞으로 찾아올 것이 뻔한 일인데 위험을 감수할 하등의 이유가 없다. 그들은 진짜로 제대로 된 정크 푸드가 무엇인지 알고 싶어 한다. 곧 당신이 먹는 것이 당신을 설명하기도 한다. 특히 그것이 달콤한 것이라면 더욱 그렇다.

7. 자식들

> 손자들과 조부모들이 아주 사이좋게 지내는 이유는
> 그들이 공통의 적을 가지고 있기 때문이다.
> — Sam Levenson

그들 부모들 잘못 때문에... 손자들이 뭘 해야 하는지 도통 모른다.

진단 : 모든 것에 대해서 그들 부모 탓을 하거나 비판하는 것과 손자들을 칭찬하는 것은 쉬운 일이다. 그 부모들은 항상 우리가 하려는 조금은 바보스러운 규칙들로 이뤄진 모든 즐거움들을 방해하곤 한다. 일찍 잠들거나 아주 좋은 음식 같은 것들 말이다. 사실, 아이스크림과 pop-tart(얇은 빵조각들이 뭉쳐진 비스킷 비슷한 아침 토스트용)로 아침을 먹는 것이 뭐가 그리 잘못인가?

그들은 한참 멀었다.

제안 : "그 부모들을 휴가 동안 멀리 보내기" 치료가 당신이

손자들과 충분히 좋은 시간을 보낼 방법이 될 것이다. 그 작고 사랑스러운 아이들이 당신과 함께 있을 때 제대로 얌전하게 행동한다는 것을 모두 알고 있다. 게다가 그 아이들은 그들 부모가 갖고 있는 두려움을 느끼게 된다. 그리고 그것을 어떻게 이용하는지 역시 알고 있다. 다른 한편, 할머니 할아버지들은 두려움이 없다. 그리고 많은 재미있는 일들이 생겨난다는 것을 알고 있다. 할머니 할아버지들이 두려움이 없는 이유는, 그 아이들이 결국은 다시 그들 부모 곁으로 돌아갈 것을 알기 때문이다.

8. 손자들 보육 방식

모든 일이 잘 풀리지 않을 때, 할아버지와 할머니를 불러라.
— 노르웨이 속담

아직 훈련이 안된 거, 부모의 잘못이다.

진단 : 오늘날의 부모들은 아이들의 변기 사용 훈련을 시키는 것과 그들의 빙키 인형을 멀리 치우는 것을 두려워하는 것 같다. 물론 아이들이 진화하기를 바란다면 그렇게 해야 한다는 것을 알면서도 말이다. 그들이 세 살이 되기 전까지 누구도 이런 훈련을 시킬 생각조차 하지 않고 있다. 그들의 아이들이 훈련받은 이유들의 대부분은 보육원이 기저귀를 찬 채로 아이들을 받지 않기 때문이다. 이해할 수가 없다. 우리는 일찍부터 아이들에게 모든 것을 대비해 훈련을 시켰다. 아마도 아이들을 옛날 방식으로 훈련시킨다는 것에 대해서 그 부모들이 지나치게 과민하게 반응한 탓일 것이다. 그것이 근본적으로 우리의 실수였다고 할지라도, 그 부모들을 탓하는 것이 지금은 훨씬 더 재미있다. 우리 아이들 말고, 세상에 누가 여전

히 서너 살 아이들의 기저귀를 갈아주고 있겠는가?

멋진 소년/소녀가 되고 싶지 않니?

제안 : 나는 변기 훈련을 위해서, 초콜릿을 이용한 "M&M's 또는 Hersheys Kisses" 치료를 사용한다. 인생의 어떤 경우에 있어서는 뇌물만이 유일한 답일 수도 있다. 그리고 작은 몇 개의 뇌물로 당신도 안정시키고 동시에 아이들도 훈련할 수 있다면, 충분히 가치 있는 일이다. 그들이 초콜릿을 좋아하지 않는다면, 그 때는... 가능한 한 빨리 치료를 받도록 해야 한다. 빙키 인형에 대해서는, 한 귀퉁이를 하루에 아주 조금씩 잘라내야 한다. 그 빙키 인형이 사라질 때까지. 내 손녀는 그것을 나에게 건네며 말했다, "이거 고장 났어요. 나 이제 이거 싫어요."

9. 옷과 머리

할로윈 파티에서 할머니는 당신이 누구인지 모른 척 한다.
— Erma Bombeck

그들이 마치 고아처럼 보이는 이유는 그들 부모의 잘못이다.
진단 : 아이들은 십대들의 우상, 힙합 가수들, 펑크 락 가수처럼 옷 입는 것을 좋아한다. 그들에게 삶은 마치 아주 큰 의상무도회 같은 것이다. 여기에서의 문제는, 그들 모두가 친구들이나 TV에서 보는 사람들처럼 입고 싶어 한다는 점이다. 머리에 관해서 말하자면, 이것은 기억 이전의 오래 전부터 계속된 문제이다. 살아 있는 모든 사람들은 정말 우스꽝스러운 머리모양을 가질 때가 한 번 쯤은 있었을 것이다. 그것은 세력 다툼과 비슷한 것이다.

어떻게 아이들을 저 지경으로 놔둘까?
제안 : 나 역시 옷을 차려 입는 것을 좋아한다. 그래서 우리와

아이들 모두에게, "대단한 할로윈 의상파티" 치료를 사용한다. 대부분의 아이들은 래퍼나, TV 드라마 주인공들처럼 옷을 입으면 그들 부모들이 아주 노여워한다는 알고 있고, 많은 할머니 할아버지들은 이런 행동들을 기쁜 마음으로 돕는다. 머리에 관해서는, 우리가 뭘 말할 수 있을까? 할아버지는 파마를 했고, 할머니는 캐리비안 휴가 때의 크루즈 여행에서 머리를 콘로(흑인들이 머리를 여러 갈래로 땋는 머리) 스타일로 길게 땋았고, 그래서 우리는 누가 머리에 쩍 달라붙은 두건으로 감싸는 머리를 하고 있다하더라도 특별히 그걸 비판할 여지는 없게 되었다. 중요한 것은 확실히 많은 사진을 찍어둬야 한다는 것이다. 한 번 지나고 나면 어떻게 이런 귀한 순간들을 소중히 간직할 수 있겠는가?

10. 아이 돌보기

> 할머니 할아버지들은
> 아이가 아직 경험해 보지 않은 많은 장난을 가르쳐 줄 수 있다.
> — *Gene Perret*

손자들이 전화를 자주 하지 않는 건 그들 부모 잘못이다.
진단 : 아이 돌보기는 아이들이 당신과 함께 있을 때 어떻게 행동하는 지와 당신의 성격에 따라서 짐이 될 수도 있고 축복이 될 수도 있다. 아이들은 당신을 너무 잘 이용할 수도 있고, 못할 수도 있다. 누구도 자신의 도움이 당연하게 여겨지는 것을 원하지 않는다. 그래서 '손자들 돌보기'에 대해 협약을 마련하는 것이 중요하다. 아이들이 산부인과에서 집으로 오는 그날부터 규칙을 정해 놓는 것이 중요하다. 그렇지 않으면, 많은 사람들이 곧 문제를 맞닥뜨리게 된다. 최소한의 일정과 잘 조정된 날짜가 정리되는 것이 중요하다. 아이들에게 엄마와 아빠에게 작별 인사하는 것이 재미있는 경험이 될 수 있어야 한다. 특히 냉장고에 많은 쿠키들이 있을 때 더더욱.

더 많이 아이들을 돌보도록 했으면 좋겠다.

제안 : 와우! "엄마 아빠가 가 버렸고, 이제 즐거운 시간이다." 우리는 손자들과 보내는 시간을 아주 좋아한다. 그렇지만 우리도 우리 나름의 규칙이 있다. 아이들이 그들 자신 말고 누군가가 통제할 사람이 있다는 것을 알게 해야 한다. 손자들은 그들의 부모를 조정하는 데에 아주 익숙해져 있고, 그래서 우리에게 그 일을 맡겨 두고 잠시 쉬는 것도 그들에게는 좋은 휴식이 될 것이다. 적절하게 접근하기만 한다면, 아이 돌보기는 아주 즐거운 경험이 될 수 있다. 밤 늦게까지 함께 놀았다면, 아이들이 집으로 가는 차 안에서 바로 잠들 것처럼 당신도 그들이 문 밖을 나서자마자 잠들 수 있을 것이다. 아주 완벽한 설계이지 않는가.

징징거리는 할머니 할아버지에게 요모조모 유용한 최고의 처방

"세 시간" 치료

모든 할머니 할아버지들을 모두 똑같은 것들에 대해서 징징거린다. 그들의 손자 손녀들이 너무 가깝게 있거나 너무 멀리 있거나 하는 문제이다. 그들을 너무 자주 보거나, 너무 적게 본다. 이것들이 그들의 사회보장, 건강보험, 고정된 수입, 성기능장애 그리고 의존해야 할 새로운 것들 그 어떤 것들 보다 우선 순위에 랭크된 것이 손자들과 관련된 기본적인 징징거림이다.

나는 할머니 할아버지를 위해 "세 시간 치료(The Three Hour Cure)"를 고안해 냈다. 이것은 손자들과 세 시간 정도의 거리에 사는 것이다. 한 번 방문하기에 세 시간씩 걸리면 쉽지 않은 길이지만, 방문을 위해서 여러 번 전화 통화를 해야 하는 일이 벌어진다. 그리고 당신이 도착했을 때 아무도 없는 경우가 생기면, 허비된 세 시간이 너무 아까운 노릇이다.

이 치료의 영향 하에서는 어떤 당사자도 다른 사람들을 손쉬운 카드로 여기지 않을 것이고, 상대방을 쉽게 이용할 수도 없을 것이다. 게다가 당신은 언제라도 아이들을 부모들에게 다시 되돌려 보낼 수 있을 만큼 충분히 가까이에 있다는 것을 기억해라. 이 정도의 거리가 좋은 점은 이른 아침에 갑자기 아이들을 안고 온 부모를 마주하는 일도 없다. 파자마만 입은 채로 아이들을 할머니 할아버지 집에 떨어뜨려 놓고 가는 자식들을 피할 수 있는 아주 적당한 거리이다.

이 치료는 또한 손자들과 집에서 함께 자기를 원하는 할머니 할아버지들한테 유리하기도 하다. 부모들이 밤 시간에 와서 아이들을 세 시간이나 다시 집으로 달려가서 재우려 하지는 않을 테니까. 모든 할머니 할아버지와 아이들은 아이들 아버지 차의 백라이트가 시야에서 사라질 때부터 재미있는 일들이 벌어진다는 것을 알고 있다. 그 재미있는 일들을 망칠 어른들이 아무도 없을 때, 우리는 쿠키와 콜라들을 즐기기 시작한다. 조금은 바보스러운 장난을 치며 할머니 할아버지 집에서 밤을 보내는 것은 모두에게 아주 특별한 일이다.

"손자들에게 줄 수 있는 가장 큰 선물은 아주 우아하게 늙는 것이다." 나이 먹는 것에 대해서 징징거리기 시작하기 전에, 나는 내 50대가 되어서 이런 모토를 생각해 냈다. 할머니 할아버지들이 좋은 사례를 남겨 두고, 징징거리는 사람(whiner)이 아니라 승자(winner)가 되는 것이 매우 중요하다. 손자들은 큰 귀를 가졌을 뿐만 아니라, 흉내의 달인들이기도 하다. 그들은 당신이 행동하는 것을 하고, 정확하게 당신이 말하는 대로 똑같이 말한다. 당신이 그랬던 것처럼. 더더군다나 그런 것들이 공공장소에서 벌어지는 것을 당신은 원치 않을 것이다.

 가끔의 끙끙거림과 불평에도 불구하고, 손자들은 그들의 할머니 할아버지가 TV를 보는 것보다 자신들을 보는 것을 더 좋아한다는 것을 알고 있다. 할머니는 오레오 과자를 갖고 포옹을 하는 엄마이고, 할아버지는 많은 동전을 가진 큰 귓불의 아빠이다. 내 경우는 오히려 이 우스꽝스러운 세 시간 치료에 대해서 생각조차 하지 않는다. 내 아이들도 우리와 손자들의 바보스럽지만 재미있는 놀이들을 하려면 가까이 있어야 한다는 것을 알고 있을 것이다. 게다가 우리에게 세 시간이라는 그렇게 먼 거리는 손자들과 떨어져 있는 것은 참을 수 없을 정도로 너무나 먼 거리이다. 이것을 그들 부모들에게만 말하지 않는다면…

책을 마치며

이겨라, 징징거리지 말고

 아직 눈치 채지 못했을 수도 있는데, 사실 징징거림 유행병이 전역에 퍼지고 있다. 첫 남편이 죽었을 때 내가 그랬던 것처럼, 이런 유행병의 이유는 9.11 사태, 이라크 전쟁 그리고 이 모든 것을 뒤따랐던 그 모든 혼란에 대해 '정말' 징징거릴 일들이 미국에서 생겨났기 때문이다.
 9.11 이전에, 내가 겪었던 가장 슬픈 경험은 내 첫 번째 남편의 사고사 후에 세 살 난 딸이 했던 행동들이었다. 매일 밤 창밖을 바라보며 아빠가 돌아오기를 기다리는 그녀를 고통스럽게 바라보곤 했었다. 딸이 낮잠을 자는 사이에 아이 돌보미가 땋아 준 머리를 하고 빨간 신발을 신고 그렇게 거기에 서 있곤 했다. 내가 딸에게 무엇을 하고 있냐고 물어봤을 때, "아무 것도 아니야 엄마. 그냥 창밖을 쳐다보는 거야"라고 말했다.
 내 딸은 아빠가 돌아오기를 희망하고 돌아올 것처럼 생각하면서도, 용감해지려고 노력하고 있었다. 그녀는 아주 필사적으로 우리가 다시 행복해지고 다시 웃을 수 있기를 원했다. 엄마가 다시 슬퍼지는 것을 원하지 않았다. 이런 것들, 그가 우리의 삶에서 영원히 돌아오지 않을 곳으로 떠나 버렸다는 것을 알면서도, 내 딸아이가 희망을 버리지 못하는 것을 보고 있는 내 마음은 찢어졌다.

9.11 사태는 내게 똑같은 감정을 갖게 했다. 나는 그 가족들이 그들이 사랑하는 사람들이 다시 문을 열고 걸어 돌아올 것이라는 희망을 가지고 기다리는 것을 봤다. 우리 모두가 희망하고 있었다. 그들이 돌아오지 않을 것을 알면서도. 우리가 알고 있던 사람들의 삶은 영원히 끝났다. 우리 심장이 그들을 위해 울었고, 우리 모두를 위해 울었다. 그저 악몽을 꾸는 것이었으면 했다.

그것만이 아니었다. 우리 세대들에게 JFK 암살, 베트남 대학살, 챌린저호 폭발, 9.11과 이라크 전쟁의 데자뷰는 모두에게 최악의 악몽이다. 이것들은 우리를 쫓아 다니는 악몽들이다. 더구나 우리가 마주할 미래의 그림도 그리 아름답지 않다. 쉽지 않을 것이지만, 나는 우리가 그 모든 상황을 변화시킬 수 있다고 믿는다. 우리가 희망과 웃음을 가지고 조금씩 더 나아지려고 노력한다면 반드시 진전이 있으리라 믿는다.

내가 모든 답을 가지고 있다고 주장하지는 않지만, 몇 가지 생각들이 있다. 나는 아무 것도 아닌 일에 대한 징징거림 비평가가 아니고, 내 라디오 쇼에서 오직 재미만을 위해서, 초콜릿과 징징거림과 같은 것들에 대해서 전문가라고 스스로 주장하는 사람은 더더욱 아니다. 다른 모든 사람들처럼, 변화를 만들고 싶을 뿐이다. 사람들은 알아야 한다. 우리는 세상에 있는 다른 모든 바보 같은 사람들(silly sausage)에게 정말로 중요한 제안을 던지는 동시에 함께 재미있는 시간을 보낼 수 있다.

silly sausage는 뭔가? 당신이 질문한다면, 난 정말 걱정스럽다. 그것은 다름 아니라, 우리 손자들이 세상을 멋지고 재미있게 만드는 달콤한 바보스러움의 세상에 사는 사람들을 일컫는 용어로 고안해 낸 것이다.

삶은 경이롭다. 우리가 새로운 세상, 새로운 시대를 열어가고 있고 그것이 바로 현실이다. 나는 "분출의 시대"가 시작됐음을 선언하고 있다. 걱정하지 마라. 사순절이나 단식을 위해서처럼 단단히 준비할 필요는 없다.

새로운 인류의 시대가 시작되고 있다. 문득 몹시 오랫동안, 몹시 잘못된 것이라고 여겨졌던 것들에 대해서 진실을 말하는 것이 도덕적으로 또 사회적으로 올바른 일이 되었다. 우리의 후손들을 위해서, 정직은 오직 최선의 정책일 뿐만 아니라, 그것이 유일한 정책이 될 것이다. 마침내, 우리는 진실을 이야기할 수 있다. 그것이 처참한 전쟁에 관해서이든, 성에 관해서이든, 부패한 정부이든, 건강보험이든, 기업의 탐욕이든, 게이 결혼이든, 시민 권리이든, 잃어버린 연금이든, 극단주의 또는 테러리즘이건 모든 것을 분출하고 밖으로 내보낼 때가 왔다.

하지만 징징거림과 감정의 솔직한 분출 사이에는 큰 차이가 있다는 것을 알아야 한다. 징징거림은 어떤 상황의 변화를 만들어 내기 위해서가 아니라, 우리가 처한 상황의 불행에 대하여 오직 반응하는 것에 불과하다. 분출은 긍정적인 효과를 가질 수 있는 반면, 징징거림은 부정적인 효과를 가질 수 있다. 분출은 당신 안의 화, 후회, 좌절을 캐내고 풀어 줄 수 있도록 도울 수 있다. 이런 것들은 징징거림을 통해 다스려질 수 있는 범위를 훨씬 뛰어넘는 그런 감정들이다.

"어떻게 그렇게 확실히 징징거림과 분출의 차이를 구분할 수 있냐?"고 질문할 수도 있다. 쉬운 일이다. 기억해 봐라. 징징거림은 천천히 부글부글 끓어오르면서 증기를 밖으로 내보낸다. 반면 분출은 폭발하고 증기를 토해 내는 일이다. 하나는 내부적인 격동인 반면, 다른 하나는 외부적인 격동이다. 하나는 이롭지 않은 것이고, 다른 하나는 건강한 것이다. 하나는 유독성 폐기물이고, 다른 하나는 행복을 위한 회복제이다.

건강한 분출을 할 기회가 주어짐에도 끊임없이 징징거리는 사람을 본다면, 긍정적인 분출의 좋은 예가 될 고대 종족의 치료를 시험 삼아 해 보는 것도 괜찮다.

고대에 아주 독특한 방식으로 징벌을 주는 부족들의 풍습이었다. 부족의 일원이 잘못을 저질렀을 때, 그 잘못을 저지른 사람을 가운데에 놓고 그 모든 부족이 원으로 주위에 둘러섰다. 그리고 연장자 중의 한 명이 그 부족의 공동체 사회에서 받아들여질 수 없는 이유와 그 죄를 열거한다.

그 기이한 방식으로 둘러선 부족민들이 그 죄지은 사람에게 말한다. 한 사람씩, 논평을 하거나 그 사람을 칭찬하는 이야기를 하나씩 한다. 거의 폭격을 하듯이, 그 죄지은 사람의 자부심을 높여 줄 수 있는 칭찬 또는 모든 좋은 것들을 쏟아낸다. 과거의 좋은 일들 또는 죄지은 사람이 성취했던 이야기들을 늘어놓는다; 좋은 행동은 결코 잊히거나 사라지지 않는다는 것을 보여 준다. 이 과정은 결국 그 사람을 사랑과 용서로 포옹하는 것으로 끝이 난다.

이제, 이것은 긍정적인 힘에 대한 나의 생각이자, 동시에 모든 상황과 모든 사람을 위한 우주적인 치료이기도 하다. 이 치료는 시간과 나이에 구애받지 않기 때문에, 이 똑같은 기술이 우리 중에 있는 징징거리는 사람들에게 적용되지 못할 이유가 없다. 그들이 불평하거나 주목을 받기 위해서 징징거린다면, 둘러서서 그들에게 긍정적인 진동의 폭격을 쏟아 부어라. 당신 마음에 아주 쏙 들 것이다.

그리고 그것이 그리 효과가 없다면, 초콜릿 폭격을 쏟아 부어라. 아주 많은 초콜릿이 필요하다.

이제 당신은 모든 징징거리는 사람들을 승자로 만들어 낼 계획을 가지고 있다. 일어서서 당신의 목소리를 드러내라. 창조적이고 건설적으로. 뭐라도 해라. 아무 거라도 해라. 당신이 변화를 만들어 낼 수 있다. 당신이 하지 않는다면 누가 하겠는가? 그저 늘 하듯이 하기 쉬운 일로, 코미디를 보며 아무 생각 없이 시간을 보내는 것보다 당신의 삶에 대해서 좀더 무엇이라도 할 필요가 있다.

기억해라. 당신이 무엇인가를 하고 있다는 말을 듣고 싶다. 당신 모두를 위해 응원하고 있을 것이다. 게다가, 아무 것도 하지 않거나 연락을 끊는다면, 징징거림 비평가는 다시 되돌아와 당신을 쫓아다닐 거다. 아주 오래전에, 아주 오랫동안 창밖을 바라보며 누군가를 기다리고 있던 그 작은 소녀에게 물어 봐라.

마무리 인사를 하기 전에, 비타민을 챙겨먹고, 깨끗한 속옷, 옷을 따뜻하게 입는 것을 기억해라. 그리고 당신을 아주 많이 언제 어디서든 사랑하는 어머니가 지금 당신 눈앞에 또는 어딘가에 있다는 것을 항상 유념해야 한다. 그렇다. 당신과 세상의 그 바보 같은 모든 사람들(silly sausages) 을 위해.

당신의 변화를 확인하기 위해서 다음 내용이, 징징거림을 생산해 내는 많은 문제들에 대한 징징거리는 사람과 승자 사이의 차이를 명확하게 선을 그어줄 가이드가 될 것이다.

징징거리는 사람은 날씨가…

너무 덥다, 너무 춥다, 너무 습하다, 너무 건조하다, 너무 축축하다, 너무 바람이 많다, 너무 춥다, 너무 눈이 많이 온다, 너무 흐리다, 너무 안개가 많다! *라고 말할 것이다.*

승자는 날씨가…

화창하다, 좋다, 쾌적하다, 아름답다, 맑다, 굉장하다, 사랑스럽다, 활력이 넘친다, 환상적이다, 신비하다, 밝다! *라고 말할 것이다.*

징징거리는 사람은 음식이…

너무 뜨겁다, 너무 차다, 너무 달다, 너무 시다, 너무 맵다, 너무 익혀졌다, 너무 덜 익혀졌다, 너무 많다, 너무 적다, 너무 끔찍하다. *라고 말할 것이다.*

승자는 음식이…

좋다, 맛있다, 풍부하다, 영양이 좋다, 잔치같다, 아름답다, 풍부하다, 건강에 좋을 것 같다, 흥미롭다, 달다, 초콜릿! *이라고 말할 것이다.*

징징거리는 사람은 성관계가…

너무 많다, 너무 적다, 너무 빠르다, 너무 느리다, 너무 길다, 너무 똑같다, 너무 평범하다, 너무 지루하다, 너무 짧다, 너무 괴팍하다! *라고 말할 것이다.*

승자는 성관계가...
자연스럽다, 친밀하다, 즐겁다, 통했다, 재미있다, 편안하다, 만족스럽다, 혁신적이다, 창조적이다, 충분하다! *라고 말할 것이다.*

징징거리는 사람은 몸이...
너무 뚱뚱하다, 너무 말랐다, 너무 무겁다, 너무 가볍다, 너무 축 늘어졌다, 너무 포동포동하다, 너무 가늘다, 너무 작다, 너무 크다, 너무 땅딸막하다! *라고 말할 것이다.*

승자는 몸이...
건강하다, 힘이 솟는다, 기품있다, 활력이 넘친다, 균형 잡혀 있다, 대단하다, 튼튼하다, 매력적이다, 단단하다. *라고 말할 것이다.*

징징거리는 사람은 배우자가...
너무 비싸다, 너무 싸다, 너무 가난하다, 너무 이기적이다, 너무 지루하다, 너무 권위적이다, 너무 요구가 많다, 너무 바가지를 긁는다, 너무 지저분하다, 너무 깔끔하다! *라고 말할 것이다.*

승자는 배우자가...
사랑스럽다, 이해심 많다, 협조적이다, 베푸는 사람이다, 창조적이다, 힘이 된다, 독립적이다, 흥미롭다, 아량이 넘친다. *라고 말할 것이다.*

징징거리는 사람은 옷이...
너무 꽉 긴다, 너무 헐렁하다, 너무 유행만 따른다, 너무 많다, 너무 격이 떨어진다, 너무 비싸다, 너무 보수적이다, 너무 덥다, 너무 비친다, 너무 구식이다! *라고 말할 것이다.*

승자는 옷이…

매력적이다, 유쾌하다, 알맞다, 편안하다, 대단하다, 아름답다, 세련돼 보인다, 창조적이다, 독창적이다. 유행과 어울린다! *라고 말할 것이다.*

징징거리는 사람은 가족들이…

너무 요구사항이 많다, 너무 참견이 많다, 너무 돈이 많이 든다, 너무 가난하다, 너무 징징거린다, 너무 감사할 줄 모른다, 너무 소유욕이 많다, 너무 시끄럽다, 너무 많다! *라고 말할 것이다.*

승자는 가족들이…

이해심이 많다, 세심하다, 유익하다, 사랑스럽다, 상냥하다, 친절하다, 협조적이다, 함께 나눈다, 희생적이다, 정직하다! *라고 말할 것이다.*

징징거리는 사람은 휴일이…

너무 지친다, 너무 돈이 많이 든다, 너무 소모적이다, 너무 피곤하다, 너무 짧다, 너무 길다, 너무 쇼핑할 게 많다, 너무 많이 요리해야 한다, 너무 많이 살찐다, 쉬지는 못하고 고생만 한다. *라고 말할 것이다.*

승자는 휴일이…

기쁘다, 놀랍다, 특별하다, 편안하다, 축제처럼 신난다, 인상적이다, 모험적이다, 잊을 수 없다, 흥미롭다, 독창적이다! *라고 말할 것이다.*

감사의 말

나는 먼저 Steve와 Bill Harrison 그리고 Radio Television Interview Report(RTIR)의 아주 훌륭한 스탭들에게 감사하고 싶다. 단순한 생각에 머물렀던 것이 RTIR에서의 Quantum Leap Program 참여로 인해 아주 빨리 현실이 되었다.

나는 내 모든 조사에 참가해 준 참가자들에게 감사를 표하고 싶다. 특히 내게 아주 귀중한 십대 조사를 도와준 Nancy Gatch 에게 더 그렇다. 내 가족과 친구들 모두 아주 훌륭한 조력자들이었고, 이런 경험을 그들과 함께 할 수 있었던 것은 아주 큰 기쁨이었다.

Margot Atwell과 Erin Smith와 함께 Eric Kampmann 그리고 Beaufort 출판사 스탭들 모두 아주 창조적이었고, 이 전체 프로젝트에 너무 도움이 됐다. 또한, 우리 디자이너인 Vally Sharpe 는 징징거림 없는 우리의 모험을 위해 아주 재미있고 훌륭한 디자인을 창조해 냈다. 마지막으로, 그는 정말 최고이다. 아주 뛰어난 편집자, Rob Campbell은 내가 징징거리는 사람과 승자를 어디에서라도 희망과 웃음으로 그들과 만날 수 있도록 나를 도 와줬다.

Cheers & Chocolates,
January Jones